Die eigene Identität

Hermann Meyer

Die eigene Identität

Wie man sie findet und erfolgreich verwirklicht

2. Auflage

Tel: 089/2603959, Fax: 089/2603959

Dieses Werk will Sie informieren. Die Angaben sind nach bestem Wissen zusammengestellt; dennoch sind Fehler nicht vollständig auszuschließen. Aus diesem Grund sind die Angaben etc. mit keiner Verpflichtung oder Garantie des Verlags verbunden. Er übernimmt infolgedessen keinerlei Verpflichtung oder Haftung für eine etwaige inhaltliche Unrichtigkeit des Buches. Bei den in diesem Buch verwendeten Fallstudien wurden die Namen, Berufe, Orte und andere biographische Details geändert. Irgendwelche Übereinstimmungen mit lebenden Personen sind demnach rein zufällig.

Dieses Buch ist bereits 1999 unter einem anderen Titel im Trigon Verlag erschienen.

Illustrationen und Umschlaggestaltung: Elke Pittermann, Wiesbaden
(Internet: www.artoons.de / E-Mail: pittermann@artoons.de)
Satz, Druck und Bindung: Ebner & Spiegel, Ulm
Printed in Germany
ISBN 3-00-003838-8

Inhalt

Einleitung

I. Identität

II. Verwirklichung der eigenen Identität durch Erfolgskybernetik

Anhang

Vorwort

Erfolg – eine ganz natürliche Angelegenheit. Betrachtet man Flora, Fauna und all die vielfältigen Prozesse in unserem Universum, läßt sich erkennen, daß permanente Veränderung letztlich immer wieder etwas Neues hervorbringt. Die Natur, eine ewige Erfolgsstory.

Doch die »Krone der Schöpfung«, der Mensch, tut sich etwas schwer damit. Ängste, Scham, Handlungsblockaden und eine nicht enden wollende Liste mit Bedenken stehen vielen im Weg, die angestrebten Ziele zu erreichen.

Andererseits sind Wünsche und Bedürfnisse zu stark, um auf Dauer ignoriert zu werden. Es muß doch irgendwie gelingen: der Berufswechsel, die Partnersuche, das Lottoglück.

Die Enttäuschung ist groß, wacht man auf in einer Realität, die einem einen Strich durch die Rechnung macht – trotz aufrichtigen Bemühens. Das Schicksal rückt zurecht, was vorher nicht stimmte: Inhalte, äußere Formen, das Selbstbild.

All die Zugeständnisse gegenüber Normen, Ideologien und den scheinbaren Ansprüchen unserer Gesellschaft sind dem Menschen schon so sehr zur zweiten Natur geworden, daß er die erste, die wahre Natur nicht mehr erkennt. Könnte es nicht sein, daß Verdruß und Mißerfolg Boten eines Schicksals sind, das nicht bestrafen, sondern aufmerksam machen will? Die Frage »Was habe ich nur übersehen?« hat womöglich nur eine Antwort: »Mich selbst!«

Dieses Buch ist eine Abenteuerreise in die Welt der menschlichen Psyche – Erfolgsfaktor Nummer eins. Es hilft, sowohl persönliche Erfolgsblockaden wie auch individuelle Wege zum Ziel zu ermitteln und schafft ein Verständnis für das eigene Streben.

Hermann Meyer konfrontiert uns mit teils überraschenden, teils provokativen Erkenntnissen. Mithilfe zahlreicher Beispiele, die wie ein roter Faden das Buch durchziehen, webt er ein Netz voller logischer Zusammenhänge. Er räumt mit alten und manch neuen Vorurteilen auf und appelliert an unsere Eigenverantwortlichkeit, die sich einmal mehr als Voraussetzung zur Entwicklung der eigenen Identität entpuppt.

Eine Lektüre, die mehr als nur geistreiche Unterhaltung ist und eine echte Lebenshilfe sein kann.

Wiesbaden, im Juli 2000 **Thomas Witzel**

Einleitung

Nur du selbst zu sein in einer Welt,
die sich Tag und Nacht bemüht,
aus dir einen wie
alle anderen zu machen –
das ist der schwerste Kampf,
den ein Mensch
bestehen kann;
und er hört nie auf.
E. E. Cummings

Die wahre Natur des Menschen wird verteufelt

Wer ist der Teufel? Seit alters her wird darüber gerätselt. Doch im Grunde genommen sind in unserer Gesellschaft die Werte klar verteilt: Was natürlich ist, wird verteufelt, was künstlich ist, wird auf's Podest gehoben. Die von Menschen ausgedachte Moral und Konvention gelten als anständig, gut und edel. Teuflisch sind, wenn es nach den Moralisten geht, die Triebe des Menschen, seine eigenen Gefühle und seine eigenen Gedanken. Böse ist alles, was von der Norm und der Tradition abweicht, böse ist alles, was lebendig ist und sich nicht in ein Schema pressen läßt.

Früher wurde ein uneheliches Kind schon als Schande für die Mutter, für die Familie, für die Verwandten und Bekannten betrachtet. Geschlechtsverkehr vor der Ehe war Sünde und Eltern, die zuließen, daß ihr Sohn oder ihre erwachsene Tochter mit seiner Freundin bzw. ihrem Freund im Jugendzimmer die Nacht verbrachte, machten sich strafbar. (Kuppeleiparagraph)

Eine Frau, die den Sex liebt und Erfahrungen mit verschiedenen Männern macht, gilt auch heute noch bei manchen als »Flittchen« oder als »Hure«.

Ein Trieb darf also – so scheint es – nur ausgelebt werden, wenn er legalisiert ist, wenn er mit der von Menschen aufgestellten Norm kompatibel ist.

Die Frage, die sich hier stellt, ist jedoch:

Ist ein uneheliches Kind weniger wert, weil es unehelich ist?

Vom Gesichtspunkt des Lebens aus gesehen, ist die Legalisierung völlig ohne Belang. Wichtig ist, daß das Kind gesund ist, daß es sich entwickelt und daß es die Liebe seiner Umwelt erfährt.

Genauso ist die Situation beim Geschlechtsverkehr vor oder außerhalb der Ehe. Was soll daran so verwerflich sein?

Oder warum soll eine Frau ihre Sexualität nicht voll ausleben?

Eine eigenartige Logik wohnt diesem Denken inne und es hat den Anschein, als ob es sich hier um ein Wahnsystem handelt.

Wenn wir die Kriterien des Wahns betrachten, erhärtet sich dieser Verdacht.

Phänomenologische Kriterien des Wahns:

1. Die wahnhafte Überzeugung wird mit einer subjektiven Gewißheit erlebt, die die Gewißheit normaler Überzeugungen übertrifft.
2. Unbeeinflußbarkeit durch Erfahrung und durch zwingende Schlüsse (Widerspruch zur Evidenz).
3. Absolute Unkorrigierbarkeit auf dem Höhepunkt der Erkrankung.
4. Entstehung aus krankhafter Ursache.
5. Der Unterschied zum Irrtum besteht in den Ursachen (Krankheit) und den Konsequenzen. Ein Irrtum ist bei ausreichender Information korrigierbar, am Wahn wird trotzdem festgehalten.

Doch damit nicht genug! Genauso wie mit unseren Trieben verfahren wird, genauso geht es unseren eigenen Gefühlen und unseren eigenen Gedanken. Man darf nur fühlen und denken wie die Normen und Ideale des Milieus, der Kultur und der Zeitepoche es vorschreiben. Wer anders fühlt und denkt, wird als verschroben, spleenig, böse oder krank abgestempelt und in eine Außenseiterposition gedrängt. Der einzelne vertraut nicht mehr seiner inneren Wahrnehmung, der Wahrnehmung seiner eigenen Gefühle und Gedanken, sondern paßt sich an die vorgegebene Norm oder an das kulturspezifische Ideal an.

Wir sehen also, alles Eigene, all das, was das Leben und die Lebendigkeit ausmacht, eigene Triebe, eigene Gefühle und eigene Gedanken, wird verteufelt und das Unlebendige, die Norm, die Moral, Konvention und Tradition werden als erstrebenswert hingestellt und verherrlicht. Der Psychoanalytiker Erich Fromm bezeichnete ein solches Verhalten als Nekrophilie:

Der nekrophile Charakter* erlebt nur die Vergangenheit und nicht die Gegenwart oder Zukunft als ganz real. Was gewesen ist, das heißt, was tot ist, beherrscht sein Leben: Institutionen, Gesetze, Eigentum, Traditionen und Besitztümer. Kurz gesagt, die Dinge beherrschen den Menschen; das Haben beherrscht das Sein; das Tote beherrscht das Lebendige. Im persönlichen, philosophischen und politischen Denken des Nekrophilen ist die Vergangenheit heilig, nichts Neues ist von Wert, eine drastische Veränderung ist ein Verbrechen gegen die »natürliche Ordnung«.

Man könnte auch sagen: Solange der einzelne sich in allen Anlagen und auf allen Lebensgebieten fremdbestimmen läßt, gilt er als rechtschaffener, braver Bürger. Läßt er das nicht zu, sondern bestimmt über sein Leben selbst, reagiert die Umwelt ungehalten.

* Erich Fromm: Anatomie der menschlichen Destruktivität S. 381/382, Rowohlt TB, Reinbek bei Hamburg 1977 (TB 1991)

Verantwortlich hierfür ist der Maßstab von Gut und Böse.

Der Maßstab von Gut und Böse ist identisch mit dem erlernten Gewissen bzw. mit dem Über-Ich. Das Über-Ich ist die durch Kindheitseindrücke, Erziehungseinflüsse und sonstige Umwelteinflüsse erworbene psychische Instanz. Es entsteht durch Introjizierung von Normen, Vorschriften, Geboten und Verboten der Umwelt in die seelische Welt. Dabei spielt es keine Rolle, ob die entsprechenden Normen oder Tabus ausgesprochen werden oder unausgesprochen bleiben. Dieses ins Innere aufgenommene Kontrollsystem, das dem Individuum von seinen Eltern und anderen erwachsenen Autoritätspersonen eingepflanzt wurde, verlangt Gehorsam.

Von alters her gilt als gut, wenn man alles mit sich machen läßt, wenn man die Vorgaben der Kultur, der Zeitepoche und der Elternrollenspieler gutheißt, wenn man gehorsam ist, sich anpaßt, keine Schwierigkeiten macht, wenn man die Programme der anderen ohne Murren erfüllt.

Gut ist, wer anständig ist, wer seine Triebe unterdrückt, wer nichts Eigenes fühlt, wer nicht mitdenkt, sondern wie in Trance die vorgegebenen Rituale erfüllt. Besonders unbeliebt macht sich der, der nicht nur mitdenkt, sondern auch noch eigene Konzepte, womöglich noch Verbesserungsvorschläge unterbreitet.

Gut ist also gleichbedeutend mit: voll zu funktionieren, alles ohne Widerrede zu erledigen und sich auch noch artig für die Fremdbestimmung zu bedanken.

Wer jedoch in diesem Sinne gut ist, ist böse gegenüber seiner eigenen Natur. Er verleugnet seine eigene Natur und damit auch sein wirkliches Leben.

Er ist böse gegenüber seinen Trieben, seinen Gefühlen und seinen Gedanken, böse gegenüber seinem Leben. Und dies hat Krankheit und schlechtes Schicksal zur Folge. Denn die vergewaltigte und geknebelte Natur reagiert auf diese Unterdrückung, klagt an, schlägt zurück. Aus diesem Grunde ist es nicht verwunderlich, daß besonders der brave, anständige Mitmensch Krankheit und Leid fast wie ein Magnet anzieht.

Um den einzelnen in Schach zu halten und nicht lebendig werden zu lassen, warten Moralisten – psychologisch geschickt – mit Schreckensbildern auf: die Rabenmutter, die sich um ihre Kinder nicht kümmert; die Hure, die ihren Körper für Geld verkauft; der Clochard, der gestrauchelt ist und nun auf der Straße oder unter Brücken haust; oder der Verbrecher, der im Gefängnis sitzt, weil er straffällig geworden ist.

Damit wollen sie sagen: Willst Du so werden wie diese Gestalten? Ihrer Meinung nach endet man dort, wenn man sich nicht brav und rechtschaffen anpaßt.

Man tut so, als hätte man nur zwischen diesen beiden Schicksalsvarianten die Wahl, als gäbe es sonst kein anderes Leben mehr.

Gerade von diesem anderen Leben aber handelt dieses Buch. Es ist ein Leben im Sinne der wahren, der ersten Natur des Menschen, bei der eine völlig andere Ethik gilt.

Die Devise lautet hier: Gut ist, was dem Leben dient und schlecht ist, was dem Leben zuwiderläuft. Das bedeutet, daß der einzelne weder sein eigenes Leben noch das Leben seiner Mitmenschen gefährdet oder gar beeinträchtigt. Vorrang hat also nicht eine lebensfremde Moral, sondern das Leben selbst.

Wer diesem Leben oberste Priorität einräumt, wird von der Natur, dem angeblichen »Teufel« fürstlich belohnt. Er nimmt Kontakt auf mit seiner inneren Fülle und wird reich, reich an Zufriedenheit, partnerschaftlichem Glück, Gesundheit und Wohlleben. Und quasi als Nebeneffekt wird er auch materiell und finanziell reicher.

Zu schön, um wahr zu sein? Alles nur Utopie?

Die nächsten Kapitel werden aufzeigen, daß jeder diesen Weg beschreiten kann, wenn er nur den Willen dazu aufbringt und auch eine gewisse Hartnäckigkeit an den Tag legt.

Wir werden sehen, daß jeder den Tischlein-Deck-Dich-Effekt bei sich selbst in Gang setzen kann.

Der Boom des positiven Denkens in den Erfolgstrainings neigt sich dem Ende zu

Seit über 20 Jahren wird in vielen Psychotherapiepraxen und insbesondere in Erfolgsseminaren die Ideologie des positiven Denkens als Grundvoraussetzung für ein glückliches Leben postuliert. Inzwischen sind mehrere tausend Bücher auf dem Markt, bei denen es nur um das eine geht: Das positive Denken in immer wieder neuen Varianten einem Millionenheer von Lesern nahezubringen. Durch positives Denken ist – will man dieser Lehre Glauben schenken – alles möglich: beruflicher Erfolg, Ruhm, Ehre, Anerkennung, traumhaft funktionierende Partnerschaften, unendlicher Reichtum, die Erfüllung aller materiellen Wünsche, Kindersegen, die Heilung von Alkoholproblemen und last not least auch Gesundheit für immer.

Doch wo sind all die Millionen Menschen, die in Geld und Erfolg baden, die trunken und torkelnd vor Glück auf den Straßen tanzen? Fast jeder gebildete Zeitgenosse ist durch das positive Denken geistig so geschwängert worden, daß es eigentlich kaum noch finanzielle Schwierigkeiten, Elend, Unglück, Krankheit und Leid geben dürfte.

Aufgrund der Kraft des positiven Denkens erscheint alles so einfach: Man hegt einen Wunsch, tut so, als ob er schon in Erfüllung gegangen wäre, und kurze Zeit später realisiert sich dieser Wunsch auf wundersame Art und Weise. Wichtig ist nur – so diese Lehre –, daß man sich vor dem abendlichen Einschlafen beharrlich immer wieder das Wunsch- oder Zielbild, das man erreichen möchte, vor dem geistigen Auge einblendet, wie etwa einen Idealpartner, mit dem man in perfekter Harmonie bis ans Ende aller Tage zusammen ist.

Oder man glaubt an die Macht der Suggestionen und suggeriert sich z.B.: »Geld fließt, Geld fließt zu mir, ich bin reich, Geld fließt zu mir, ich bin glücklich und reich . . .«

Obwohl es eigentlich jedem einleuchten müßte, daß das alles so nicht funktionieren kann, besteht doch immer wieder die Neigung, daran zu glauben, weil es eben so schön wäre, wenn es wahr werden würde.

Manche Vertreter des positiven Denkens haben nur eine sehr oberflächliche und naive Vorstellung vom Unbewußten. Sie glauben, das Unbewußte ließe sich ganz leicht überlisten, es genüge, ihm positive Suggestionen und Affirmationen einzugeben, und sofort würde es auf diese Befehle reagieren und nach den entsprechenden Realisierungsmöglichkeiten suchen. Es verwirkliche sich einfach – ohne viel eigenes Zutun und ohne eigene Mühen, ohne Entwicklung und Reifung . . .

Die Realität sieht jedoch ganz anders aus: Das Unbewußte kann sehr wohl zwischen real und irreal unterscheiden. Es erkennt sofort, ob eine Affirmation der Wirklichkeit entspricht oder nicht, ob etwas echt gewachsen ist oder ob es sich nur um etwas Aufgepfropftes handelt – wie dies bei der Ideologie des positiven Denkens meist der Fall ist.

Es geht eben nicht, einfach nur positiv zu denken, und dabei gleichzeitig die eigenen neurotischen Bestrebungen, das alte Fühlen und Denken beizubehalten und weiter an Moral und Konvention festzuhalten.

Und es genügt nicht, das Bild einer idealen Partnerschaft ständig vor dem geistigen Auge zu reproduzieren, sondern realistischer ist es, sofort – sobald dieser Wunsch entsteht – daran zu gehen, die entsprechenden Fähigkeiten auszubilden.

Wenn jemand seine Kommunikationsfähigkeit, seine Verführungskünste, seine sexuellen und erotischen Fähigkeiten, seine Fähigkeit, seelische Wärme und Geborgenheit zu schenken, seinen Humor und seine geistigen Fähigkeiten ausgebildet hat, wird er mit an Sicherheit grenzender Wahrscheinlichkeit auch einen Partner finden, mit dem partner-

schaftliches Glück möglich ist. In einem solchen Falle braucht er gar nicht mehr ein Wunschbild vor seinem geistigen Auge einzublenden, weil es sich schon längst verwirklicht hat.

Und der andere, der dauernd in den Äther ruft: »Geld fließt zu mir, ich bin reich . . .« täte gut daran, sich zu überlegen, welche Voraussetzungen er schaffen könnte, damit tatsächlich Geld zu ihm fließt.

Wer eine gute Geschäftsidee hat und diese Idee konkret zu verwirklichen vermag, oder wer eine Anlage oder Fähigkeit entwickelt, die andere notwendig brauchen, oder wer ein Produkt auf den Markt bringt, nach dem andere verlangen, hat große Chancen, daß Geld bald kein Thema mehr in seinem Leben ist, weil er es dann nämlich im Überfluß haben wird.

Daß das ständige Visualisieren nicht viel nützt, ist leicht nachweisbar allein an der Tatsache, daß Millionen von Männern täglich x-mal ihre Sexualphantasien geistig Revue passieren lassen, ohne daß sie sich je erfüllen. Selbst fanatische Anhänger der Ideologie des positiven Denkens werden niemals mit ihren Visualisierungen dieselbe Beharrlichkeit und Intensität erreichen, wie dies Männer tun, die oft Zeit ihres Lebens ein und dieselbe Sexualphantasie immer wieder aufs neue geistig reproduzieren. Wenn sich all diese erotischen Visualisationen verwirklichen würden, hätten wir an allen Ecken und Enden nur vor Wollust quiekende Menschen.

Und noch etwas: Im Geist tauchen stets Bilder auf, die einen Ausgleich im Persönlichkeitssystem bewirken sollen. Besteht ein Defizit im Wasserhaushalt, taucht vor dem geistigen Auge das Bild einer Quelle oder eines Wirtshauses auf, wenn ein Defizit in der Nahrungsaufnahme besteht, entsteht das Bild eines gedeckten Tisches oder einer lukullischen Speise ...

Diese Ausgleichsfunktion des Geistes besteht aber auch bei Defiziten, die nur aufgrund der Kollektivneurose entstanden sind, aber nicht wirklich vorhanden sind. Hat jemand z.B. ein Defizit an Eigenwert, weil er schon in früher Kindheit von erwachsenen Bezugspersonen entwertet wurde, können vor dem geistigen Auge Bilder von Pelzmänteln, Luxuslimousinen, Segelyachten oder Traumvillen entstehen. Solche Komplementärbilder, die zu neurotischen Hemmungen und Defiziten passen, ständig zu repetieren, bringt den einzelnen nicht weiter. Er muß jahre-, vielleicht sogar jahrzehntelang, dafür arbeiten (weil die Wunscherfüllung durch positives Denken nicht funktioniert), was meist mit Selbstverleugnung verbunden ist. Und wenn er diese Dinge wirklich erworben hat, wird er merken, daß er trotzdem um keinen Deut glücklicher geworden ist.

Es wäre also in all diesen Fällen besser, den ursprünglichen Mangel oder das Defizit zu beseitigen, als diese Wunschbilder vor dem Schlafengehen ständig im Geiste zu wiederholen.

Die Erfahrung zeigt – konträr zur Ideologie des positiven Denkens –, daß Negativdenker meist erfolgreicher sind. Welches Kind schreibt in einer schulischen Prüfung eine bessere Note – das Kind, das negativ denkt und die Fallen antizipiert, die der Lehrer sich ausgedacht hat, und sich entsprechend vorbereitet, oder das Kind, das positiv denkt und darauf vertraut, daß der Lehrer sicher leichte Aufgaben stellen wird, die es »mit links« bewältigen kann?

Insbesondere ist das positive Denken kontraindiziert bei Menschen, die zu wenige Fähigkeiten ausgebildet haben, und bei sogenannten Leichtsinnsdelinquenten, die sich ohnehin ständig aufgrund eines zu schwachen Über-Ichs in mißliche Situationen manövrieren, weil sie zu blauäugig und sorglos an eine Sache herangehen. Sie verstärken auf diese Weise sogar noch ihre Problematik. Naiv vertrauen sie auf ihre positive Anziehung, die sich natürlich nicht bewahrheitet, weil sie zuviel Unerlöstes und Verdrängtes in ihrer Seele beherbergen.

Viele Menschen sind auch deswegen nicht erfolgreich, weil sie zu wenig Angst haben. Wie oft macht sich jemand, der Negatives beim Namen nennt, unbeliebt? Wie oft wird er verlacht, verspottet und von der Gruppe ausgegrenzt, weil er Angst hat oder weil er bei einer Aktion nicht mitmachen will? (Später erweist es sich oft, daß der Betreffende gut daran getan hat, sich daran nicht zu beteiligen.)

Fest steht, daß derjenige, der Angst hat, einen besseren Zugang zu seiner inneren Stimme hat, der Stimme des Lebens. Er hat mehr Überlebenschancen. Angst ist, sofern es sich nicht um eine neurotische, lähmende Angst handelt, ein Warnsignal der ersten Natur und sollte immer ernst genom-

men werden. Denn Angst ist ein wichtiger Bestandteil des Selbsterhaltungstriebes. Sie schützt das Leben.

Wer keine Angst hat, überholt mit dem Auto in einer unübersichtlichen Kurve oder springt mit dem Kopf voran ins Wasser, ohne dessen Tiefe vorher geprüft zu haben. Angst bewegt den Menschen dazu, zu hinterfragen, zu prüfen, Vorsicht walten zu lassen, Erkundigungen einzuholen, abzuwägen, nachzudenken, vor dem geistigen Auge Zukunftsszenarien durchzuspielen, was alles schlimmstenfalls passieren könnte, und wie man dem vorbeugen könnte . . .

Aus all dem bisher Gesagten folgt, daß das positive Denken

nur eine Kehrseite der Medaille darstellt, nämlich die des realistischen Denkens.

Oder anders ausgedrückt: Das realistische Denken splittert sich in das negative und in das positive Denken auf. Wird der negative Pol verdrängt, ist das Verdrängte nicht tot, sondern kehrt wieder (Gesetz der Wiederkehr des Verdrängten). Deshalb verwundert nicht, daß gerade die Positivdenker häufig mit Negativdenkenden zusammenkommen. Anstatt die Botschaft des Schicksals zu erkennen, von der Dogmatisierung des positiven Denkens abzulassen und damit zu beginnen, realistisch zu denken, glauben die Betreffenden, die Negativdenker bekehren zu müssen. Sie reden auf sie ein und versuchen, ihnen die entsprechende Literatur nahezubringen. So haben sie häufig alle Hände voll zu tun, nur geschehen tut nichts, weil sie die notwendigen Schritte, damit etwas Positives geschieht, aufgrund des ständigen Missionierens nicht vollziehen können.

Es ist also gar nicht so ratsam, stets positiv zu denken, weil auf diese Weise im Laufe der Zeit sich immer mehr im anderen Pol anhäuft und die Positivdenker dadurch vermehrt mit negativen Ereignissen konfrontiert werden.

Fazit:

Es geht nicht darum, positiv zu denken in der Hoffnung, daß dadurch die eigenen inneren Wunschbilder Wirklichkeit werden, sondern es gilt, Anlagen und Fähigkeiten zu entwickeln, also einen Weg zu beschreiten, damit Erfolg »erfolgen« kann. Der einzelne kann darauf vertrauen – hier ist positives Denken angezeigt und berechtigt –, daß all die wertvollen Talente und Fähigkeiten der menschlichen Natur auch in ihm angelegt sind und nur darauf warten, geweckt zu werden. Er weiß, daß er – wenn er sich bemüht – jedes Defizit aufzufüllen vermag, daß er jede Fähigkeit erlernen kann. Erst wenn er die entsprechenden Informationen eingeholt, seine Anlagen ausgebildet und eingesetzt, alles Notwendige organisiert und geregelt und so die Weichen in Richtung Erfolg gestellt hat, macht positives Denken Sinn.

Folgende Kriterien sind also für ein ganzheitliches Erfolgstraining relevant:

1. Das Finden der eigenen Identität

2. Unterscheidung zwischen Kollektivneurose (2. Natur) und wahrer Natur des Menschen (1. Natur)

3. Realistisches Denken statt positivem Denken

4. Streben nach Dingen, die wirklich glücklich machen, anstelle von Kompensation mit Luxusgütern

5. Beruflich *und* privat erfolgreich werden

6. Ausbildung eigener Anlagen und Talente:
   Praktisches Lernen, wie man durchsetzungsfähiger, redegewandter, handlungsfähiger, selbständiger, gebildeter, verantwortungsbewußter, unabhängiger und freier wird, um das eigene Leben besser managen zu können, anstelle von Visualisationen, Suggestionen und Affirmationen.

7. Zusätzlich zu Großveranstaltungen, auf denen allgemeines Wissen über die Gesetze und Mechanismen des Erfolges vermittelt wird, Seminare in kleinen Gruppen. Dort erst kann der einzelne in Zusammenarbeit mit den anderen Teilnehmern und dem Trainer sein individuelles Erfolgsprogramm konzipieren. Nur in einem solchen Rahmen ist auch genügend Zeit für jeden Teilnehmer vorhanden, eine auf seine Bedürfnisse und Fähigkeiten zugeschnittene Strategie zu entwickeln.

8. Wichtig ist, daß mittels eines Seminars nicht in erster Linie – wie es oft der Fall ist – nur der Erfolgstrainer zu Erfolg kommt, sondern daß der Teilnehmer in die Lage versetzt wird, tatsächlich *selbst* erfolgreich zu werden. Gelingt dies nicht, besteht die Gefahr, daß der Teilnehmer bei der Umsetzung gebremst wird, weil er sich im Vergleich zum Erfolgstrainer als Versager fühlt.
   Da ein durchschlagender Erfolg nicht von heute auf morgen kommen kann, sondern ein Entwicklungsprozeß ist, der je nach aufzufüllenden Defiziten sich über einen kürzeren oder längeren Zeitraum erstreckt, hat es sich als günstig erwiesen, wenn in sogenannten Feedbackseminaren jeder einzelne berichtet, inwieweit er das Erfolgswissen bisher umsetzen konnte. Ist wider Erwarten eine Umsetzung nicht oder nur teilweise möglich gewesen, wird der Betreffende von den anderen Teilnehmern und vom Trainer neu motiviert und gestärkt.
   Sind selbst dann noch Blockaden vorhanden, besteht die Möglichkeit einen persönlichen Coach (Umsetzungshelfer) in Anspruch zu nehmen, damit eine Realisation in Kürze gelingt.

9. Finanzmanagement
   Verwirklichung der eigenen Identität plus beruflicher Erfolg plus Finanzmanagement heißt, den Turbogang auf dem Weg zum persönlichen Glück einzuschalten. Erst wenn die erworbenen Finanzen sinnvoll verwendet und investiert werden, kann finanzielle Unabhängigkeit entstehen. Es geht also auch um Vermittlung von wirtschaftlichen Gesetzmäßigkeiten, von Börsenwissen und Wissen über gewinnträchtige Finanzstrategien.

10. Vernetzung
   Die Erkenntnisse der Ökologie haben völlig neue Aspekte über die Psyche eröffnet. Auch die Psyche ist

ein ökologisches System, bei dem alles mit allem in Verbindung und Wechselwirkung steht.
Deshalb heißt es oft, wenn ein Problem gelöst werden soll, an einem ganz anderen Punkt anzusetzen, einem Punkt, der vielleicht dem ersten Anschein nach mit dem Problem gar nichts zu tun hat, der aber bei näherer Betrachtung Kettenreaktionen auslöst. Diese Kettenreaktionen können durch geschickte Interventionen in dem psycho-ökologischen System in Gang gesetzt und konstruktiv genutzt werden. Der neue Erfolgstrainer muß also ein Stratege innerhalb des vernetzten Systems der Psyche werden – und ist insofern ein Erfolgskybernetiker.

I. Identität

Wenn der Mensch sich selbst entdeckt, verliert er sein Elend. (Sprichwort)

Das Abenteuer der eigenen Identitätsfindung

Identität meint die Beschaffenheit des Selbst als einmalige und unverwechselbare Persönlichkeit, definiert durch die soziale Umgebung und durch das Individuum selbst. Was jemand »wirklich« ist, läßt sich durch folgende Komponenten näher beschreiben:

- das Selbstbild – wie ich mich selbst sehe
- das Idealbild – wie ich gerne wäre
- das Zukunftsbild – wohin ich mich zu entwickeln glaube
- das Realbild – wie ich derzeit wirklich bin
- das Identifikationsbild – womit ich mich identifiziere
- das Fremdbild – wofür andere mich halten
- das Erwartungsbild – wie andere mich haben möchten
- das Frauen- bzw. Männerbild – wie ich meinem Geschlecht entspreche
- das Wesensbild – wie ich von Natur aus bin
- das Erlösungsbild – wie ich meinem wahren Wesen nach werden könnte

Das Selbstbild – wie ich mich selbst sehe

Das Selbstbild wird weitgehend bestimmt durch die Botschaften und Suggestionen, die wir als Kind von Eltern, Erziehern und der Umwelt empfangen haben. Häufig führen sie

Die wahre Identität unterscheiden lernen

die Person, für die man sich selbst hält	die Person, die man gerne wäre	die Person, die man zu werden glaubt	die Person, die man derzeit real ist	die Person, die sich mit den anderen Menschen, Dingen u. Ideologien identifiziert	die Person, für die einen andere halten	die Person, wie andere Personen einen haben möchten	die Person, die man als Mann oder Frau ist	die Person, die man von Natur aus ist	die Person, die man von seinem wahren Wesen her werden könnte
(Selbstbild)	(Idealbild)	(Zukunftsbild)	(Realbild)	(Identifikationsbild)	(Fremdbild)	(Erwartungsbild)	(Frauen- oder Männerbild)	(Wesensbild)	(Erlösungsbild)
▼	▼	▼	▼	▼	▼	▼	▼	▼	▼
Wie sehe ich mich selbst?	Wie wäre ich gerne?	Wohin werde ich mich entwickeln?	Wer bin ich derzeit wirklich?	Womit identifiziere ich mich?	Wofür halten mich andere?	Wie möchten mich andere haben?	Wie wirke ich als Frau oder als Mann?	Wer bin ich von Natur aus?	Wie könnte ich meinem wahren Wesen nach werden?

zu negativen Selbsteinschätzungen, wie »Ich bin nicht wertvoll«, »Ich bin zu wenig intelligent«, »Ich bin zu langsam«, oder auch – genauso unrealistisch – zu positiven Vorstellungen, die einen glauben machen, der oder die Größte, Beste, Intelligenteste, Liebenswürdigste oder Kreativste zu sein.

Einer Umfrage gemäß halten sich 92 Prozent der deutschen Kfz-Halter für gute Autofahrer, 78 Prozent der deutschen Männer sind der Überzeugung, hervorragende Liebhaber zu sein, und 89 Prozent der Bundesbürger glauben, daß ihr Einfühlungsvermögen überdurchschnittlich hoch entwickelt sei. Die Realität auf unseren Straßen, in den Betten und in den zwischenmenschlichen Beziehungen zeichnet jedoch ein anderes Bild. Es besteht also offensichtlich eine große Kluft zwischen Anspruch und Wirklichkeit. Fast jeder von uns hat die Tendenz, sein Selbstbild im positiven Licht zu sehen. Unzulänglichkeiten, Defizite und Fehlhaltungen werden dabei geflissentlich ausgeblendet.

Doch welche Funktion übt diese Art von positivem Selbstbild aus? Ein irreales positives Selbstbild schützt uns davor, der Wahrheit ins Auge zu sehen, und zu erkennen daß wir unvollkommen sind, daß ungünstige Rückmeldungen des Schicksals kein Zufall sind, sondern Reaktionen auf eigene Mängel und eigenes Fehlverhalten. Zu erkennen, daß viel zu tun ist, um Anlagen und Fähigkeiten zu entwickeln. Diese Art von positivem Selbstbild ist Bestandteil eines neurotischen Abwehrsystems, das die persönliche Entwicklung und das Wachstum verhindert, ja mehr noch, das Wahrheit und Wirklichkeit mehr scheut als der Teufel das Weihwasser.

So möchte man zum Beispiel unbedingt an der Illusion festhalten, man selbst sei hundertprozentig beziehungsfähig und nur der Partner müsse sich ändern, oder man müsse nur geduldig darauf warten bis der »richtige« Mann oder die »richtige« Frau auf der Bühne des eigenen Lebens erscheint.

Im neurotisch positiven Selbstbild neigt man zur Mythenbildung, man glaubt an eine wunderbare Vorsehung des Schicksals, man wartet auf Belohnung aus der Transzendenz oder hofft auf Wunder. Ferner besteht die Möglichkeit, das positive Selbstbild noch zusätzlich durch (falsch verstandenes) positives Denken zu verstärken. Auf diese Art gelingt es, der Wirklichkeit noch mehr zu entfliehen und grandiose gedankliche Kartenhäuser zu bauen.

Nur wenige Menschen haben ein realistisches Bild von sich selbst, die meisten unter- oder überschätzen sich. Ein falsches Selbstbild entsteht häufig auch dadurch, daß man auf einem oder mehreren Lebensgebieten im Laufe der Zeit von der Hemmung zur Kompensation gekommen ist, ohne sich dessen richtig gewahr zu werden. So manche fühlen sich noch als redegehemmt, obwohl andere im Gespräch kaum mehr zu Wort kommen, oder sie empfinden sich noch wie früher als schwach und hilflos, obwohl die Umgebung bereits unter ihrer Dominanz zu leiden beginnt.

Das Idealbild – wie ich gerne wäre

Solange man die Kollektivneurose noch nicht durchschaut hat und sich der Relativität von Gut und Böse noch nicht bewußt ist, möchte man so gerne aus der Fülle der von der Gesellschaft vorgegebenen Ideale diejenigen finden und anstreben, die einem selbst gemäß sind. Die eigenen Ideale resultieren jedoch – und das ist für viele kaum zu glauben – vorwiegend aus eigenen Defiziten und Schwächen. Je größer ein Defizit, umso stärker tendiert ein Mensch auf diesem Gebiet zu einer Idealbildung. Das Idealbild ist die (geistige) Kompensation eines Defizits bzw. das Komplementärbild zu einer Hemmung. Wer gehemmt ist in seiner Partner- und Beziehungsfähigkeit sowie zu wenig Möglichkeiten hat, frei unter vielen potentiellen Partnern zu wählen, will einen Idealpartner haben. Wer gehemmt ist in seiner Freiheit, erhebt die Freiheit zum Ideal. Wer keine Macht über sich selbst hat, hat als Ideal, mit einer Machtfülle ausgestattet, Chef oder »Rudelführer« zu sein.

Viele verwechseln also ihr Idealbild mit ihrer eigenen wahren Identität.

Manche gehen sogar so weit, daß sie tatsächlich glauben, daß sie so sind wie sie sich nach außen zeigen. Sie spielen die Rolle der treusorgenden Ehefrau, die Rolle des großen Managers oder die Rolle eines edlen und guten Menschen, der keinerlei Schattenanteile aufweist.

Die Realität sieht jedoch häufig anders, wenn nicht sogar völlig konträr aus. Im Haushalt der angeblich treusorgenden Hausfrau steht nur selten ein Essen auf dem Tisch, der große Manager entpuppt sich als Niete und der ach so edle Mensch stellt sich daheim als Scheusal heraus, der seine Aggressionsproblematik nicht mehr verbergen kann.

Welche Rollen sind besonders beliebt?

Die Rolle als Held
reicher Mann
Intellektuelle(r)
fürsorgliche Mutter
Playboy
gestreßte(r) Manager(in)
Unternehmer(in)
erfolgreiche(r) Geschäftsmann/frau
Universal-Genie
komplexer, vernünftiger, differenzierter Mensch
Kosmopolit
Gebildete(r)
Chef(in)
Tolerante(r)
VIP
Abenteurer(in)

Progressive(r)
sozialer Mensch

Wenn der Betreffende nicht wirklich substantiell so ist, wie er vorgibt, hat das im Leben schwerwiegende Konsequenzen, da die Anziehung des Lebenspartners und der Freunde dadurch verfälscht wird. Zu einer solch neurotischen Identität paßt dann auch nur ein ganz spezifisches Schicksal. So hat jemand, der den »Niveauvollen« spielt, auch das Schicksal des »Niveauvollen«. Z.B. fällt er etwa auf »niveauvolle« Geschäftspartner oder Freunde herein, weil er sich von deren angeblichem Niveau – er glaubt, die anderen wären so wie er und deshalb sind sie ihm sympathisch – blenden läßt und ihre wahren Motive dadurch nicht mehr zu durchschauen vermag.

Hat sich einmal eine solche Rolle im eigenen Persönlichkeitssystem verfestigt, tauchen kaum noch Selbstzweifel auf. Wie auch immer die Schicksalsschläge ausfallen mögen, sie werden nicht auf die eigene aufgesetzte Rolle zurückgeführt.

Natürlich gibt es umgekehrt auch Menschen, die sich gehemmt und blockiert fühlen und hohe Ideale entwerfen, wie sie ihrer Meinung nach eigentlich sein sollten. Sie geraten in einen Teufelskreis: Je größer die Hemmung desto höher die Ideale, und je höher die Ideale sind, um so größer wird die Hemmung.

Das Zukunftsbild – wohin ich mich zu entwickeln glaube

Hier taucht die Frage auf: Wie glaube ich, daß ich sein werde? Es besteht nämlich ein Unterschied zwischen dem, was ich mir als Ideal gesetzt habe und dem, wovon ich glaube, daß ich es erreichen werde. Dieses innere Zukunftsbild von sich selbst beeinflußt das eigene Leben stärker als man zunächst denkt. Es fließt in das eigene Fühlen und Denken ein und ist an allen Aktivitäten und Handlungen beteiligt. Das Zukunftsbild von mir selbst zeigt auf, was ich glaube, was machbar ist und was nicht. Das ist aber – das muß in diesem Zusammenhang betont werden – kein Indiz dafür, daß es sich hier um ein realistisches Denken handelt. Das Zukunftsbild ist stark abhängig vom eigenen Selbstbild, das – wie an anderer Stelle bereits zum Ausdruck gebracht wurde – durch verschiedene Einflüsse mehr oder weniger verzerrt sein kann.

Wer sich z.B. unterschätzt, verfälscht damit auch sein Zukunftsbild, eröffnet sich damit weniger Möglichkeiten und Chancen.

Das Realbild – wie ich wirklich bin

Es mag zunächst überraschen, wenn hier gesagt wird, daß ausgerechnet das Realbild zum großen Teil unbewußt ist. Denn nur das Unbewußte weiß um den tatsächlichen Entwicklungsstand der eigenen Stärken und Schwächen. Das Unbewußte ist der große Buchhalter, der genau registriert, was wirklich auf der Soll- und auf der Habenseite vorhanden ist. Aus diesem Grunde ist auch die Diskrepanz zwischen dem bewußten und dem unbewußten Wollen erklärbar. Vom Bewußtsein her möchte z.B. jemand täglich mit einem Partner zusammensein und eine tiefe, feste Beziehung haben, doch das Unbewußte ist anderer Meinung. Es hat Bilanz gezogen und gesehen, daß zwei wichtige Anlagen nicht zur Verfügung stehen: die Durchsetzungsfähigkeit und die Abgrenzungsfähigkeit. Deshalb zieht das Unbewußte – schlau und realistisch wie es ist – nur Partner an, die entweder schon gebunden sind oder weit entfernt wohnen. Nur bei solchen Partnern werden diese zwei Schwächen nicht evident. Vom Bewußtsein her werden solche und andere Situationen als Pech gewertet, aber vom Unbewußten aus gesehen, haben sie ihren eigenen tieferen Sinn.

Insofern ist die Frage: »Wie bin ich denn nun wirklich?« gar nicht so einfach zu beantworten. Diese Wirklichkeit muß zwangsläufig immer relativ bleiben – sie hängt von der eigenen Entwicklungs- und Bewußtseinsstufe, der Umwelt und der jeweiligen Zeitepoche ab. Das Realbild ist der augenblickliche Zustand, in dem ich mich befinde, entspricht also dem, wie mein Wesen, mein Fühlen, Denken und Verhalten im Moment wirklich ist. Das Realbild setzt sich aus meinen »positiven« und »negativen« Eigenschaften zusammen. Gesundes existiert neben Krankem, Reales neben Irrealem. Es unterscheidet sich daher vom Selbstbild (= die eigene subjektive Sichtweise), vom Idealbild (= subjektives Komplementärbild zu den eigenen Defiziten) und, wie wir noch sehen werden, auch vom Fremdbild (= subjektive Sichtweise der anderen).

Das Identifikationsbild – womit ich mich identifiziere

Unsere Abwehr- und Anpassungsmechanismen sind dazu angetan, die wahre Natur, die wirklichen Triebe und Bestrebungen des Individuums nicht augenscheinlich werden zu lassen, sondern die Anlagen bzw. Energien in Bahnen zu lenken, die von der Gesellschaft sanktioniert werden. Zu diesen Abwehr- und Anpassungsmechanismen zählt auch die Identifikation, die paradoxerweise die Entdeckung der eigenen Identität verhindert. Bei diesem Prozeß vergleicht man sich mit Personen, Sachen, Vereinen, Institutionen oder mit Ideologien und glaubt, darin eine Entsprechung des eigenen Inneren bzw. der eigenen Identität zu finden. Man ist anfangs so felsenfest davon überzeugt, daß eine solche Entsprechung vorliegt, daß die andere Person, Sache oder Ideologie einem zumindest ähnlich ist, daß man sich einfach nicht vorstellen kann, dabei einer Täuschung zu erliegen.

Schließlich durchläuft man die sieben Phasen der Identifikation:

Euphorische Phase, Phase des Erkennens der Realität, Stagnationsphase, Frustrationsphase, Reduktionsphase, Resignationsphase und apathische Phase.*

Man beginnt euphorisch mit einem neuen Partner, im neuen Job oder mit einer neuen Wohnung. In dieser euphorischen Phase ist man noch der Meinung, jetzt endlich den richtigen Partner, den passenden Arbeitsplatz oder die Traumwohnung gefunden zu haben. Im Laufe der Zeit aber wird der Traum allmählich demontiert, bis er sich schließlich zu guter Letzt als Alptraum entpuppt, nämlich dann, wenn

* Mehr zu den 7 Phasen der Identifikation – siehe Hermann Meyer: Jeder bekommt den Partner, den er verdient (Trigon-Verlag).

man merkt, daß die andere Person sich doch grundlegend von der eigenen unterscheidet, die Arbeitsstelle doch nicht den eigenen Anlagen und Vorstellungen entspricht oder in der neuen Wohnung die gleichen Probleme wie in der vorherigen auftauchen.

Das Fremdbild – wofür andere mich halten

Wie andere mich sehen, hängt weitgehend davon ab, inwieweit ich meinen Inhalten eine äußere Form verleihen kann, wie ich auf andere wirke, welchen Eindruck ich vermittle. Doch auch Wahrnehmungsfähigkeit, Defizite und die damit verbundenen Projektionen des anderen beeinflussen diese Sichtweise.

Ist der Mitmensch extrem durchsetzungsschwach, wird er meine mangelhafte Durchsetzungsfähigkeit unter Umständen schon als Stärke empfinden. Manchmal will er mich ganz einfach durchsetzungsstark sehen, weil er dies zum Ausgleich für sein Persönlichkeitssystem braucht. Oder er aktiviert durch sein Verhalten bestimmte Anlagen oder Energien in mir und empfindet mich dann als besonders aggressiv, zärtlich oder leidenschaftlich, was ein anderer wiederum nicht so empfinden würde, weil er andere Persönlichkeitsanteile in mir anspricht.

Manche Menschen haben sich aufgrund ihrer seelischen Problematik so weit von der Wirklichkeit entfernt, daß sie nur noch in ihrem eigenen »Heimkino« sitzen und für den Film ihres Lebens Rollen vergeben. So kann es einem braven und schüchternen jungen Mann passieren, daß er in dem »Film« des anderen einen Bösewicht spielen muß, ganz einfach deshalb, weil die Rolle bisher noch unbesetzt blieb.

Der Mitmensch wird also in solchen Fällen so gesehen, wie man ihn sehen möchte und nicht wie er wirklich ist.

Doch selbst, wenn viele andere Menschen oder gar die

ganze Umgebung jemanden als egoistisch, überheblich oder spleenig bezeichnen, muß dies zwangsläufig noch nicht der Wirklichkeit entsprechen.

Man muß sich vor Augen führen, daß die Welt derer, die dieses Urteil fällen, nicht die Welt schlechthin ist. Da die Welt sich in vielen verschiedenen Anschauungen spiegelt, kann derjenige, der hier und jetzt einer bestimmten Schicht oder Gruppe als Fremdkörper erscheint, in einer anderen Umgebung oder in einer anderen Zeitepoche geachtet und akzeptiert sein.

Es ist also wichtig, sich gegenüber falschen Fremdbildern abzugrenzen und sich nicht jeden Schuh anzuziehen. Dies ist nur möglich, wenn man sich der subjektiven Sichtweisen der anderen bewußt ist und man über soviel Eigenwert verfügt, daß man die Projektionen und Etikettierungen anderer ohne Wut und Groll aushalten kann. Besonders schwer fällt dies, wenn manche Menschen ihre eigenen Fehler, Schwächen und Unzulänglichkeiten auf einen selbst projizieren.

So empfand Ulla S., deren Egoismus wahre Blüten trieb, daß ihr Freund René grenzenlos egoistisch sei, sah Uwe L., dessen Einfühlungsvermögen mehr als reduziert war, daß seine Ehefrau Tamara einen eklatanten Mangel an Einfühlungsvermögen aufwies oder hielt Lorenz A., der offensichtlich jemand war, der andere stets nur ausnutzte, seiner Freundin vor, ihn nur für ihre Zwecke zu benutzen.

Es kann aber auch noch zu anderen erstaunlichen Projektionen kommen:

So wurde Michael K., der keinen Alkohol trank, weil er einfach keinen Geschmack daran fand, von seiner Umwelt als Spießer, Langweiler, Spaßverderber, Asket, Kranker und Eigenbrötler abgestempelt. In Wirklichkeit war Michael K. jedoch ein humorvoller Mensch, der sein Leben zu genießen verstand.

Noch problematischer ist die Einschätzung durch andere zu sehen, wenn es um Intelligenz geht. Hier wird die subjektive Sichtweise besonders deutlich. Intelligenz ist die einzige Anlage, bei der fast alle Menschen das Gefühl haben, bei der Verteilung nicht zu kurz gekommen zu sein. Deshalb wird man nur für intelligent gehalten, wenn man über dasselbe Wissen, über dieselben Vorurteile und dieselben Glaubenshaltungen verfügt wie derjenige, der einen beurteilt.

So legte Jürgen H. stets beim ersten Rendezvous mit einer Frau einen »Intelligenztest« vor, der im Multiple-Choice-Verfahren gelöst werden sollte.

Die Frage lautete: Was verstehen Sie unter Dante Alighieri?

Eine Olivenölmarke o	Ein Landstrich in der Toskana o
Der Mittelstürmer von AC Mailand o	Ein Dichter o

Sigrid O. hingegen stellte ihren Männern ganz andere Fragen, um herauszufinden, ob diese ihren intellektuellen Ansprüchen genügten und sich eine dauerhafte Beziehung mit ihnen lohnte.

Woher stammt der Marineanzug, den George Clooney in »Out of Sight« trägt?

Wer gewann bei der 70. Oscarverleihung den Preis für das beste Make-up und für welchen Film?

Welcher Regisseur führte Ringo Starr in die Steinzeit?

Welche Gemeinsamkeit haben die Filme »Die Jury«, »Die Akte« und »Die Firma«?

Hat sich jemand ein bestimmtes Bild vom anderen gemacht, kann es kaum noch korrigiert werden. Der Betreffende hält meist so unbeirrt daran fest, daß es sogar Wahncharakter annehmen kann.

Trotz all dieser Unsicherheiten, die berücksichtigt werden müssen, ist es dennoch wichtig zu erfahren, wie die Umwelt einen einschätzt, um Verbesserungen im eigenen Persönlichkeitssystem vorzunehmen, mehr Motivation zu erhalten, Inhalt und Form in Einklang zu bringen und die Projektionsfläche zu sein, die man auch wirklich verkörpern will.

Das Erwartungsbild – wie andere mich haben möchten

Vielfach wird der einzelne in seiner Identitätsfindung auch davon beeinflußt, wie andere ihn haben möchten. Entweder er paßt sich dann an das Wunschbild der anderen an und entfernt sich auf diese Weise weit von sich selbst, oder er wehrt sich gegen diese Einflußnahme und lebt dann gerade das Gegenteil dessen, was andere erwarten. Dabei wird häufig dieses Gegenbild mit der eigenen Identität verwechselt. Der Einfluß des Erwartungsbildes der anderen darf auf keinen Fall unterschätzt werden; denn die Formung der eigenen Persönlichkeit erfolgt dabei oft so subtil, daß sie sich der bewußten Wahrnehmung des Betreffenden entzieht.

So kann es passieren, daß jemand aus Trotz gegen die eigene Familientradition jegliche Auseinandersetzung mit technischen Fragen ablehnt und dadurch jahrelang Schwierigkeiten mit Handwerkern, Technikern oder der eigenen Umsetzung technischer Abläufe hat. Durch das Beharren auf der eigenen Antihaltung gegenüber der ungeliebten Thematik wird jedoch auch das angeborene Talent übersehen und eine nützliche Anlage zum Verkümmern verurteilt.

Das Frauen- bzw. Männerbild – wie ich meinem Geschlecht entspreche

Da gewöhnlich vor allem Frauen zukünftige Männer erziehen, weiß später kaum ein Mann, was wirklich seiner männlichen Natur entspricht. Er bekommt bereits als kleiner Junge ein Bild von Männlichkeit übergestülpt, das seine Mutter von ihrem weiblichen Pol aus sowie von ihren Hemmungen, Defiziten, Ängsten und Schuldgefühlen und ihren daraus resultierenden Vorstellungen, entworfen hat.

Zusätzlich wird dieses Bild noch verfälscht, wenn die Beziehung zwischen Mutter und Vater nicht intakt ist und daher noch Wunschprojektionen auf dem Sohn lasten. Er soll die Wünsche der Mutter realisieren, die der Vater nicht zu erfüllen vermochte. Dieses subjektive Männerbild der Mutter hat mit der Wirklichkeit des Lebens meist nur wenig zu tun, es steht im Widerspruch zur wahren männlichen Natur und zu der individuellen Männlichkeit des Sohnes, die dieser innerhalb der männlichen Natur zu finden hat.

Und selbst, wenn der Vater bei der Erziehung seines Kindes mitwirkt, ist dies noch lange keine Gewähr dafür, daß es dadurch leichter würde, eine geschlechtsspezifische Identität zu finden. Insbesondere deshalb nicht, weil der Vater häufig wiederum nur das Männerbild seiner eigenen Mutter oder das Gegenbild dazu (als Reaktion) zu erfüllen versucht und insofern für seinen Sohn als männliche Identifikationsfigur nur bedingt geeignet ist.

Besonders schwierig wird es für den Jungen auch dann, wenn etwa seine Mutter ihn zu einem »Softie« erziehen möchte, der Vater aber seinem Sohn das Bild des Kriegers und Helden als Männlichkeit verkaufen möchte. Ein solcher Interessenskonflikt manifestiert sich in der Psyche des Kindes und hat langfristige Auswirkungen.

Ein Mann sollte sich also fragen: Welches Männerbild hatten früher meine Mutter und mein Vater, und welche Erwartungen stellt meine Freundin oder Ehefrau heute an mich?

Ferner: Habe ich meine individuelle Art, mein Mannsein zum Ausdruck zu bringen in der Kollektivneurose oder vielleicht auch schon in der wahren menschlichen Natur gefunden?

Ebenso schwierig ist es heute für eine Frau, ihre eigene

wahre Weiblichkeit zu entdecken und zu leben. Soll sie Hausfrau und Mutter werden, Karriere machen oder alles unter einen Hut bekommen?

Manche Frauen, die nicht mehr so leben wollten wie ihre Mütter, haben sich der feministischen Bewegung angeschlossen und deren Ideologie weitgehend übernommen. Diese Ideologie ist aber nur eine Reaktion (beziehungsweise nur der Gegenpol) auf die patriarchale Frauenrolle ihrer Mütter und daher noch weit entfernt von einem realistischen Frauen- und Männerbild. In dieser Ideologie kommt vorwiegend zum Ausdruck, was man als Frau *nicht* mehr sein will und was man *nicht* mehr geben will, aber nicht so sehr, was man neu anzubieten hat. Die feministisch orientierte Frau will beispielsweise nicht mehr den Haushalt führen, nicht mehr kochen, waschen und putzen und will nicht mehr Sexualobjekt für Männer sein. Da die meisten Männer jedoch bei den Frauen gerade das warme Essen, das behagliche Zuhause und prickelnde Erotik, also insbesondere die »weiblichen« Anlagen suchen, hat die Feministin kaum Chancen beim anderen Geschlecht, von einigen »Softies« einmal abgesehen.

Ist die patriarchale Rollenverteilung dadurch gekennzeichnet, daß Mann und Frau ihre Anlagen tauschen, indem weibliche Anlagen gegeben und männliche empfangen werden und umgekehrt, so findet als Folge extremer feministischer Ideologie weder ein solcher Tausch noch ein Austausch von Energien statt, wie dies in einer entwickelten Form der Fall ist.

Wenn die Feministin eine extreme Position einnimmt, will sie in ihrem So-Sein, das heißt vor allem in ihren Defiziten in bezug auf Weiblichkeit, angenommen werden und hat ihren Defiziten entsprechende Komplementärbilder, die ihr irreales Männerbild formen. Sie sucht einen Mann, der im Haushalt genau die Hälfte macht, aber dennoch erfolgreich im Beruf ist, und einen, der etwas so »Primitives« wie erotische Reize nicht mehr nötig hat. Damit zielt sie an der

Wirklichkeit vorbei. Sie gerät in einen Teufelskreis, dem sie kaum mehr entrinnen kann, weil sie durch das Schicksal in ihren Defiziten und in ihren Komplementärbildern (feministische Ideologie, Männerbild und Frauenbild) jeweils bestätigt und verstärkt wird. Eine solche Frau kann – solange sie streng dieser Ideologie anhängt keine liebevolle, erfüllende und glückliche Beziehung haben: Sie glaubt, das Glück in der Partnerschaft sei ihr deshalb nicht hold*, weil die Männer ihre Männlichkeit falsch leben und zudem ein falsches Frauenbild in ihrem Innern beherbergen würden. Obwohl letzteres meist durchaus zutrifft, ändert es nichts an der Tatsache, daß auch diese Frauen selbst ein falsches Bild von sich haben, weil sie ihre eigene Weiblichkeit noch nicht gefunden haben. Ihre Weigerungshaltung ist zwar ein notwendiger Entwicklungsprozeß, hat aber mit echter Weiblichkeit noch wenig zu tun. Es kommen also zwei irreale Frauenbilder und zwei irreale Männerbilder zusammen. Daß daraus keine befriedigende Beziehung entstehen kann, liegt auf der Hand.

Das Wesensbild – wie ich von Natur aus bin

Die große Frage lautet hier: Wer bin ich hinter all meinen Anpassungs- und Abwehrmechanismen, hinter all meinen Ängsten, Blockaden und Antihaltungen, hinter all meinen Vorurteilen, Glaubenshaltungen und Ideologien? Wer verbirgt sich tatsächlich unter meinem künstlichen Überbau, unter meiner äußeren Fassade, bzw. unter meiner zweiten Natur?

Man könnte sagen: Du bist nicht wirklich der Nörgler, der Choleriker, der Querulant, der Maßregler, der Kontrolleur,

* Es scheint alles wie verhext zu sein: Vorher in der traditionellen Frauenrolle war sie nicht glücklich, und jetzt, wo sie entscheidende Schritte nach vorne getan hat, erhält sie vom Schicksal wieder ein negatives Echo. Wenn sie jedoch nicht in dieser (überaus wichtigen) Reaktionsform steckenbleibt und stattdessen weiterschreitet, kann sie schließlich ihre neue Weiblichkeit finden.

der Jammerlappen, der Machthaber, der Unterdrücker oder derjenige, der neurotische Spielchen spielt!

Das alles sind nur verwunschene, unerlöste Anlagen und Verhaltensweisen. Dahinter jedoch steckt ein ganz anderer Mensch! Ein Mensch mit wertvollen Anlagen und Fähigkeiten, die nur darauf warten, geweckt zu werden.

Diese erste Natur des Menschen ist unser wahres Wesen, das sich grundlegend von unserer neurotischen Struktur unterscheidet. Dieses Wesen in uns ist unsere wirkliche Identität, die uns immer wieder über Gefühle und Gedanken, aber auch über die Stimme des Lebens in uns sagt, wo es langgeht. Diese (innere) Stimme der Natur macht sich in allen Lebenslagen immer wieder bemerkbar. Sie flüstert uns zu, was wir wollen und nicht wollen, was wir vermeiden sollen, was wir uns wünschen und erträumen, was wir brauchen, um glücklich und zufrieden zu sein.

Das Erlösungsbild – wie ich meinem wahren Wesen nach werden könnte

So wie jeder ein Bild entworfen hat, was er in der Kollektivneurose sein möchte (oben sein, mehr sein als andere, mit mehr Macht und Einfluß ausgestattet usw.), so trägt jeder auch ein Erlösungs- oder Paradiesbild in sich, nämlich das Bild, das ihn zeigt, wie er wäre, wenn er seine natürlichen Anlagen entwickelt hätte, und welches angenehme Schicksal er damit erwirken würde.

Dort tauchen all die Bilder auf, die wir uns erträumen: Ein liebevoller Partner, leidenschaftlicher Sex, humorvolle, ehrliche Freunde, eine harmonische Wohnsituation, ein Beruf, der den eigenen Anlagen gemäß ist, Selbständigkeit, Freiheit und Unabhängigkeit, blühende Gärten, saftige Wiesen, rauschende Wälder und kristallklare Seen und Meere ...

Das Erlösungsbild zeigt, wohin der Weg führen würde, wenn man der Stimme der eigenen Identität folgte.

Allerdings hat das Erlösungsbild im Inneren der eigenen Seele den Nachteil, daß eine Tendenz besteht, zu vergleichen. Und dieser Vergleich zwischen Erlösungsbild und Realität macht um so unzufriedener, je weniger Aussicht besteht, es jemals zu verwirklichen.

Die Schwierigkeit liegt insbesondere darin, daß dieses Erlösungsbild meist unbewußt ist, aber dennoch stets in die Wirklichkeit des Lebens hineinragt.

Man weiß nicht, warum man unzufrieden ist, und weil man den Grund nicht benennen kann, hat man auch gar keine Möglichkeit, den Mißstand abzustellen.

Die einzige Chance, die uns bleibt, ist, uns sowohl unseres Ideals, das wir in der Kollektivneurose anstreben, als auch unseres Erlösungsbildes bewußt zu werden, und das eine vom anderen unterscheiden zu lernen.

Wer dies schafft, nimmt fast automatisch mehr und mehr davon Abstand, das Echte und Natürliche in sich selbst zu unterdrücken.

Er entkrampft sich und er merkt: Es läßt sich auch leichter leben: mit weniger Einsatz und mehr Effizienz.

Dies über alles: sei Dir selber treu
Und daraus folgt, so wie die Nacht dem Tage
Du kannst nicht falsch sein gegen irgendwen ...
Shakespeare, »Hamlet«

Die eigene Identität – wie man sie findet und verwirklicht

Die eigene wahre Identität gefunden zu haben, ist die Grundvoraussetzung für Zufriedenheit, Glück, Gesundheit und ein langes Leben.

Die eigene Identität kann als Richtschnur für den eigenen Weg genommen werden, sie ist der **wahre** Weg, während negatives Schicksal nichts anderes signalisieren will, als daß man von diesem Weg abgekommen ist. Schicksal ist ein **Irrweg**, d.h. man entfernt sich immer weiter von der eigenen Identität, oder ein **Umweg**, d.h. man braucht sehr lange, bis man wieder zur eigenen Identität zurückfindet.

Die meisten Menschen befinden sich ausschließlich auf diesen Irrwegen und Umwegen, selten gelingt es jemandem, allen Unkenrufen zum Trotz, die eigene Identität zu erkennen und danach zu leben.

Warum gestaltet sich dies, was eigentlich selbstverständlich sein müßte, als so schwierig?

Zunächst einmal passiert oft folgendes: Wer die eigene Identität entdeckt hat und sie durchsetzen will, stößt in seinem Umfeld selten auf Begeisterung. Die Menschen der näheren Umgebung klatschen meist nur Beifall, wenn man eine Norm oder ein Ideal erfüllt bzw. verkörpert – oder wenn man so ist wie sie, wenn sie sich reproduziert sehen. So mancher ist nur dann hocherfreut, wenn er sieht, daß der andere genauso fühlt, denkt und handelt wie er, daß der andere dieselben Vorlieben hat, dieselben Hobbies, dieselben Sportarten bevorzugt und denselben Geschmack hat wie er.

Wer jedoch seine eigene Identität findet und zu verwirklichen vermag, der weicht von der Norm ab und unterscheidet sich oft gravierend von seinen Mitmenschen. Diese Abweichung wird als Schmerz empfunden und oft aufs heftigste bekämpft.

Insofern erfährt jemand, der sich auf dem Weg zu seiner eigenen Identität befindet, von außen keinerlei Unterstützung oder Förderung. Niemand ist da, der ihn in seinem So-Sein bestätigt, niemand ist da, der ihn ermuntert oder bestärkt.

Seine eigene Identität zu leben, bedeutet, daß man meist gegen die Interessen der Mitmenschen verstößt, besonders dann, wenn man letzteren lange als Projektionsfläche gedient hat und sie andere Pläne für einen haben. Man erfüllt ihre Erwartungen nicht mehr, sie glauben, keine Vorteile mehr ziehen zu können oder haben Angst, ihre Projektionen zurücknehmen, auf eigenen Beinen stehen und selbständig werden zu müssen.

Kurzum: Wer im Begriff ist, seine eigene Identität zu verwirklichen, ist seiner (neurotischen) Umgebung ein Dorn im Auge. Die anderen sehen ihre Felle wegschwimmen, sind erbost über so viel »Egoismus«, über so viel »Kaltschnäuzigkeit«, über so viel »Unbarmherzigkeit«.

Für denjenigen, der solche Reaktionen bei seinen Mitmenschen erntet, ist diese »Erstverschlimmerung« (ähnlich der Homöopathie, bei der es nach der Einnahme eines Mittels zunächst zu einer Erstverschlimmerung kommen kann, ehe eine Linderung der Krankheitssymptome einsetzt) ein deutliches Indiz dafür, daß er sich auf dem richtigen Weg befindet.

Wer individuell werden will, muß anecken, sonst bleibt er eine bloße Marionette der Normen und Ideale der Kultur und Zeitepoche.

Er muß diesen Weg ganz alleine gehen, und es gibt für ihn dabei kein Vorbild, nach dem er sich ausrichten könnte, denn jeder hat eine andere psychische Struktur, eine andere Identität und infolgedessen gibt es hier keinen (äußeren) Guru oder Führer. Die Führung auf diesem Weg muß daher die eigene innere Stimme, die Stimme der Natur bzw. des Lebens übernehmen. Außerdem gilt es auch zu bedenken, daß man in seinem eigenen Bekannten- und Verwandtenkreis selten jemanden sieht, der den Weg der eigenen Identität konsequent geht. Hinzu kommt, daß es so viele Identitäten gibt, die es zu entdecken gibt. Überall, auf den verschiedensten Lebensgebieten heißt es, die eigene Identität zu finden, die dann summa summarum die eigene Gesamtidentität, d.h. das eigene Selbst ausmachen.

Ausdrucksformen der eigenen Identität

Identität	im Sport
Identität	im Fühlen
Identität	im Handeln
Identität	in der Kreativität
Identität	im Lebensstil
Identität	in der Darstellung nach außen
Identität	in Bezug auf Wohnort und Wohngegend
Identität	in Bezug auf Wohnungseinrichtung
Identität	in der Kindererziehung
Identität	in der Ernährung
Identität	im Geschmack
Identität	in der Erotik
Identität	bei der Partnerwahl
Identität	in der Beziehungsform
Identität	in der Sexualität
Identität	in der Sexualphantasie
Identität	auf geistigem Gebiet
Identität	in der Lebensphilosophie
Identität	im Beruf
Identität	in der Freizeitgestaltung
Identität	bei der Wahl der Hobbys
Identität	bei der Wahl der Freunde
Identität	in Wünschen und Träumen
Identität	....

Hier einige Beispiele, wie der Identitätsfindungsprozeß durch die Umwelt erschwert werden kann:

Identität im Sport:

Franz L. wuchs in den Bergen von Tirol/Österreich auf. In dem Dorf, wo er von klein auf lebte, fuhren alle Ski. Doch Franz konnte sich für den Skisport einfach nicht begeistern. Aufgrund von Druck und Zwang seitens des Elternhauses als auch seitens der Schule versuchte Franz es immer wieder. Hilflos und mißmutig stand er auf seinen Brettern und war damit unter seinesgleichen ein Außenseiter par excellence. Erst Jahre später fand Franz die Sportart, die mehr seiner Persönlichkeit, seinen Neigungen und Talenten entsprach: Tennis. Er merkte, daß Tennis seine Welt war. Und tatsächlich kam er hier auch zu hohen Ehren, wurde Clubmeister und schließlich sogar Bezirksmeister.

Nahrungsidentität:

Max H. wurde in Niederbayern in eine Bauernfamilie hineingeboren. Seine Mutter servierte ihm Tag für Tag derbe bayerische Kost – Schweinshaxen mit Knödel, Suppenfleisch, Hirnsuppe, Lunge, Herz, Preßsack, Sülze, Blutwurst und Leberwurst. Obwohl ihm vor diesen Speisen ekelte, blieb ihm nichts anderes übrig, als sich dennoch diesen »dreckigen Fraß« – wie er sich auszudrücken pflegte –, einzuverleiben, zumal es auch bei seinen Bekannten und Verwandten und selbst in den Gaststätten der Umgebung nichts anderes gab. Erst viele Jahre später kam Max H. mit der biologischen Vollwertkost in Berührung. Für ihn war es, als sei er aus einem Alptraum erwacht. Endlich hatte er ein Essen gefunden, das seinem Geschmack und seinen ästhetischen Ansprüchen gerecht wurde!

Identität im Geschmack:

Viktoria P., eine attraktive Fremdsprachenkorrespondentin, trägt nur teure Kleidung von einem ausgewählten Designer. Damit will sie nach außen zeigen, daß sie Stil, Niveau und Geschmack besitzt. Tatsächlich wird sie damit vielfach bestätigt und in ihrem Glauben bestärkt, daß ihr Geschmack hervorragend sei. Doch viele Menschen sind nicht ehrlich zu ihr, und bringen hinter vorgehaltener Hand zum Ausdruck, daß diese Kleidung nicht ihrem Persönlichkeitstyp entspricht. Aufgrund dessen hat Viktoria P. bis heute noch nicht ihren wirklichen, eigenen Geschmack gefunden. Nach wie vor lehnt sie andere Markenkleidung oder gar Konfektionskleidung ab, obwohl manche dieser Stücke ihr besser zu Gesicht stehen und ihren finanziellen Möglichkeiten mehr entsprechen würden.

Identität auf geistigem Gebiet:

Reinhold O. stellte sich in der Arbeiterfamilie, in der er aufwuchs, als Kuckucksei heraus. In den Augen seiner Eltern hatte er »zwei linke Hände« (= arbeitsscheu) und mehr als komische Ansichten. Aufgrund seiner eigenartigen Denkweise wurde er auch im Freundeskreis verlacht und verspottet. Eines Tages aber, Reinhold war gerade 19 Jahre alt geworden, stieß er auf die Schriften von Freud, Adler, Jung und Groddeck. Dieses Gedankengut war für ihn wie eine Offenbarung. Er erkannte, daß so bedeutende, gebildete und intelligente Männer ähnlich dachten wie er, und daß nicht er falsch dachte, sondern die anderen, denen nur seine Feinfühligkeit und Differenziertheit befremdend erschien.

Indizien für eine Entsprechung mit der eigenen Identität

Um abklären zu können, inwieweit bei Menschen und Dingen sowie in verschiedenen Situationen des Lebens, eine Entsprechung mit der eigenen Identität vorliegt, sind folgende Fragen aufzuwerfen:

- Welche Gefühle habe ich dabei?
- Fühle ich mich dabei wohl?
- Was sagt meine innere Stimme (Stimme des Lebens) dazu?
- Bin ich zufrieden und glücklich dabei?
- Möchte ich ansonsten gar nichts anderes mehr haben?
- Ist das der Platz, wo ich hingehöre?
- Paßt das zu mir, bzw. zu meinem Persönlichkeitssystem? Habe ich dazu eine Entsprechung?
- Ist das ein Ausdruck meines eigenen Wesens, meiner persönlichen Eigenart?
- Ist das für mich stimmig?
- Kann ich dem voll und ganz zustimmen?
- Wird hierbei Energie frei?
- Kann ich hierin voll aufgehen, mich dem ganz hingeben?
- Treten dabei Zeit und Raum für einen Moment in den Hintergrund?
- Habe ich dabei sogar ein Déjà-vu-Erlebnis?

Vielleicht bedarf letzter Punkt einer Erklärung.

Manche Menschen bringen Déjà-vu-Erlebnisse mit der Reinkarnationslehre in Verbindung. Sie glauben dann, daß sie diesen Partner, dieses Haus, diese Gegend usw. schon in ihrem letzten Leben gesehen haben. Sie haben hier und heute das Gefühl, mit dem Menschen, den sie gerade getroffen haben, schon seit ewigen Zeiten eine Verbindung zu haben, die Gegend, die man im Urlaub aufgesucht hat, kommt ihnen so bekannt und vertraut vor, oder sie glauben in dem Haus, das der Makler ihnen angeboten hat, schon einmal gelebt zu haben. Was aber, wenn das Haus erst fünf Jahre alt ist und man hat dennoch dieses Déjà-vu-Erlebnis? Hierfür gibt es eine

einfache Erklärung. So wie in einem Apfelkern schon der ganze Apfelbaum immanent ist – er ist nur noch nicht entfaltet, noch nicht verwirklicht – so ist in der eigenen Genstruktur bereits die ganze Persönlichkeit eines Menschen enthalten. Und so wie zum Apfelbaum nur ganz spezifische Blätter, Blüten oder Früchte passen, so passen zu einem Menschen auch nur ganz bestimmte Personen, Gegenstände, Landschaften, Ereignisse . . .

Und um auf obiges Beispiel mit dem fünf Jahre alten Haus zurückzukommen: Man hat zwar in einem solchen Fall dort nicht schon einmal gewohnt, aber das Haus hat sicher eine Entsprechung mit der eigenen Persönlichkeitsstruktur und kommt einem deshalb bekannt vor. Man erinnert sich – nicht an das Haus – das ist die Täuschung – sondern an des eigenen Wesens Kern.

Oder anders ausgedrückt: Wenn man dann in dieses Haus einzieht, hat sich ein Teil des eigenen Wesens entfaltet und verwirklicht und man hat das Gefühl, dort schon immer gewohnt zu haben.

Ebenso ergeht es mancher Mutter, die ein Kind zur Welt bringt. Sie hat das Gefühl, dieses Kind schon immer gekannt zu haben, und später kann sie sich gar nicht mehr vorstellen, wie es früher war, als ihr Kind noch nicht zur Familie gehörte.

Auch in der Partnerschaft ist dieses Phänomen des öfteren zu beobachten. Wenn der Partner zu einem paßt, glaubt man, mit ihm schon immer zusammen gewesen zu sein und all die Partner, die vorher waren, nur geträumt zu haben. Es kommt einem so vor, als ob man jetzt erst erwacht sei, sich erst jetzt in der Realität befinde.

Sogar bei scheinbar trivialen Dingen kann man ein solches Déjà-vu-Erlebnis haben – etwa bei den Korbsesseln, die man in einem Möbelgeschäft gesehen hat, bei dem Auto, das zum Verkauf angeboten wurde, bei der Bettwäsche, der Tischdecke, ja sogar bei den Servietten, die einem ins Auge gestochen sind und die man unbedingt – fast besessen, wie aus einem inneren Zwang heraus – erwerben mußte.

Wenn es nur diese spezifische Schrankwand, nur diese spezifischen Vorhänge, nur diese spezifische Lampe sein muß und nichts anderes mehr in Frage kommt, dann liegt der Verdacht nahe, daß man hier der Materialisation eines Mosaiksteinchens des eigenen Wesens begegnet ist, daß es sich hier um einen Ausdruck der eigenen Identität handelt.

Innere Abwehr gegen das Verwirklichen der eigenen Identität

Wie sehr eigene Vorurteile, Anlagendefizite und falsche Glaubenshaltungen die Verwirklichung der eigenen Identität in der äußeren Welt vereiteln können, zeigt der Fall von Sabine K.

Sabine K., eine 35jährige Verlagsangestellte war auf Wohnungssuche. Doch keine der vielen Mietwohnungen, die sie besichtigt hatte, konnte die Kriterien erfüllen, die für sie wichtig gewesen wären – außer einer: Bei dieser Wohnung blieb sie schon an der Türschwelle wie angewurzelt stehen – die Diele war großzügig und strahlte einen vornehmen Charakter aus und als sie sich weiter umsah, hatte sie das Gefühl, zu träumen. »Nein, das gibt es nicht!« rief sie. »Das ist genau der Grundriß, genau das Ambiente, genau die Wohnung, die ich mir immer vorgestellt habe!« Die Wohnung hatte nur einen Haken: Die Miete überstieg um DM 200,– das Limit, das sie sich gesetzt hatte. Folglich sagte sie schweren Herzens ab. Monatelang weinte sie ihrer verpaßten Chance nach und haderte mit ihrem Schicksal.

Nach erfolgskybernetischen Gesichtspunkten hätte Sabine jedoch, wenn sie schon das Glück hatte, eine Wohnung, die ihr genau entspricht, angeboten zu bekommen, zugreifen müssen. Ihr fehlten Vertrauen in ihre Fähigkeiten und Wissen über die Gesetze des Lebens. Ansonsten hätte sie sich gesagt, daß diese DM 200,– anderweitig wieder kompensiert werden können – sei es, Ausgaben auf anderen Gebieten zu reduzieren oder sei es, wirtschaftliche Fähigkeiten weiter auszubilden, um so neue Geldquellen zu erschließen.

Wahrscheinlich aber wäre beides nicht nötig gewesen, weil

sie allein durch die Hochgefühle, durch die Gefühle der Freude und des Glücks sowie durch die daraus resultierende bessere Stimmungslage auch eine bessere Anziehung von Personen und Ereignissen erreicht hätte. Entweder wäre ihr Gehalt dann »zufällig« bald nach ihrem Einzug um ca. DM 200,– aufgebessert worden oder sie hätte vielleicht einen neuen Partner kennengelernt, der sie an den Wochenenden zum Essen eingeladen hätte, so daß dadurch für sie weniger Kosten entstanden wären.

In solchen Fällen greift einem das Schicksal nicht selten unter die Arme. Wer ja zu dem sagt, was ihm entspricht, was seiner Identität gemäß ist, wird zu Fortunas Günstling.

Die Botschaft, die mit diesem Glück verbunden ist, lautet: »Du bist auf dem richtigen Weg!«

Indizien dafür, daß es sich nicht um die eigene Identität handelt

Die Geschichte von Sabine K. geht noch weiter. Sie ist also nicht in ihre Traumwohnung eingezogen, hat nicht ja zu ihrer Identität gesagt, sondern nahm sich eine billigere Wohnung, bei der sie viele Kompromisse machen mußte. Die Diele war zu klein, das Bad ohne Fenster, das Wohnzimmer schlecht geschnitten, das Schlafzimmer zu dunkel . . .

Aufgrund der mißlichen Umstände verschlechterte sich ihre seelische Stimmungslage zusehends. Dadurch zog sie einen Partner an, der zu dieser schlechten Stimmung paßte, diese Gefühle nun noch verstärkte. Schließlich erkrankte Sabine K. zu allem Überfluß auch noch an einer chronischen Bronchitis. Aufgrund dessen verschlechterten sich ihre Arbeitsleistungen und sie wurde daraufhin entlassen. Sie geriet in einen Circulus vitiosus, aus dem es nur schwer ein Entrinnen gab. Letztendlich kam sie die billigere Wohnung teurer, als wenn sie gleich die scheinbar teure »Traumwohnung« genommen hätte.

So wie Sabine K. geht es vielen Menschen. Sie sparen am falschen Platz und können die Folgen ihrer falschen Entscheidung nicht absehen. Es fehlt ihnen an der Fähigkeit der Antizipation.

Man zahlt den vielfachen Preis dafür, sich nicht für sich selbst entschieden zu haben. Es kostet Leid, Zeit, Kraft und Gesundheit. Die Ärzte dieser Welt leben zu einem großen Teil von den leidvollen, schmerzhaften Umwegen und Irrwegen des Schicksals, die der einzelne gehen muß, weil er zu anständig, brav, gut und altruistisch sein will, weil er sich gegen sein Selbst entschieden hat.

Nicht immer ist jedoch die Situation so eindeutig wie im Falle von Sabine.

Viele Menschen nehmen eine Arbeitsstelle an, beziehen eine Wohnung oder sind mit einem Partner zusammen, weil gerade diese Stelle oder diese Wohnung frei wurde oder weil sich sonst kein anderer Partner beworben hat.

Es wird in diesen Fällen viel zu wenig darauf geachtet, ob der Arbeitsplatz den eigenen Talenten, die Wohnung den eigenen Bedürfnissen und der Partner dem eigenen Wesen entspricht. Die Folge ist, daß man sich dort nach einiger Zeit nicht mehr wohl fühlt und synchron dazu eine Fülle an Schicksalssymptomen auftauchen, die einen darauf hinweisen, daß man vom richtigen Weg abgekommen ist, daß man dort nicht seine Identität hat. Es häufen sich dann die Mißlichkeiten: Man hat, wenn man sich in der falschen Wohnung befindet, etwa Streit mit den Nachbarn, ist unangenehmen Gerüchen oder gar toxischen Einwirkungen ausgesetzt oder wird ständig durch Hundegebell, Kuh- oder Kirchenglocken in seiner Ruhe gestört. Aufgrund der Hellhörigkeit der Wände wird man in das Fernsehprogramm der Nachbarn involviert, in der Nachbarschaft wird ständig gebaut oder die Behörden veranlassen, daß immer wieder die Straße aufgerissen wird, um ein Kabel zu verlegen oder Abwasserkanäle zu installieren.

Hat man sich in der Partnerschaft falsch entschieden und sich, aus welchen Gründen auch immer, mit einem Partner liiert, der einem wesensfremd ist, oder gar mit jemandem – wie es gar nicht so selten der Fall ist – der psychopathisch veranlagt ist, entstehen negative Kettenreaktionen, die kaum mehr zu überblicken sind.

Dieser falsch gewählte Partner übt einen negativen Einfluß auf die eigenen körperlichen Funktionen, auf die eigenen Gefühle, auf das eigene Denken und Handeln, auf die Stimmungslage, auf das Wohlbefinden, auf die Lebensfreude und den Lebensgenuß aus. Es häufen sich Krankheiten, Unfälle und sonstige negative Ereignisse.

Hinzu kommt, daß sich die meisten Menschen zu lange in solchen falschen Bezügen aufhalten. Sie glauben irrtümlicherweise, daß sich von selbst irgendetwas bessert. Sie hoffen auf bessere Zeiten, auf eine Erbschaft, auf einen Lottogewinn...

Nur diese Hoffnung läßt sie in ihrem Unglück ausharren. Und in dem ganzen Tohuwabohu rufen ihnen noch andere zu: »Gib nicht auf! Halte durch! Was Dich nicht umbringt, macht Dich noch härter! Das Leid ist das schnellste Pferd zum Himmelreich!« Leider ist die Leidensfähigkeit eine der wenigen Fähigkeiten, bei der unsere Gesellschaft eine positive Bilanz aufweist. Man könnte sogar von einer Erziehung zur Leidensfähigkeit sprechen.

In Wirklichkeit ist die Leidensfähigkeit die einzige Fähigkeit, die man *nicht* erlernen sollte, denn die Leidensfähigkeit ist im Grunde nur Ersatz für all die wertvollen Anlagen und Fähigkeiten, die im Leben entwickelt und eingesetzt hätten werden müssen. Weil man dies versäumt hat, muß man ersatzweise leidensfähig werden.

Kompromiß und Identität

Manche behaupten, daß es eine Verwirklichung der eigenen Identität in dieser Gesellschaft gar nicht geben kann, weil man an allen Ecken und Enden Kompromisse schließen muß. Das mag für manche Situationen zutreffend sein, dennoch gilt grundsätzlich die Regel: Wenn es um die eigene Identität geht, schließt man besser keine Kompromisse.

Nehmen wir einmal an, ein Liebespaar zieht zusammen und richtet sich die gemeinsame Wohnung ein. Wenn sie für Jugendstil und er für antike Möbel schwärmt und sie sich auf Möbel im Landhausstil einigen, dann kann sich kein Geschmack durchsetzen. Keiner der beiden Partner ist im Endeffekt glücklich über diese Lösung, weil keiner in der Materialisation seiner inneren Gefühle, Gedanken und Geisteshaltungen leben kann, keiner die Form für seinen Inhalt hat. Keiner fühlt sich so richtig wohl, weil es nur ein fauler Kompromiß war. Und wenn es dann zu einer Trennung kommt – wobei zu überprüfen wäre, inwieweit die jeweilige Diskrepanz zwischen Inhalt und Form dazu beigetragen hat – dann will keiner der beiden diese Möbel haben. Letztere landen dann auf dem Müll oder müssen schließlich für ein Butterbrot verkauft werden. Es handelt sich dabei also um eine Fehlinvestition. Sehr viel günstiger würde sich das Bild jedoch gestalten, wenn jeder der beiden Partner sein eigenes Zimmer so einrichten könnte, wie es dem eigenen Geschmack entspricht, und falls es aufgrund eines konventionellen Grundrisses nicht möglich ist, ein eigenes Zimmer zu beziehen, heißt es, sich so zu einigen, daß etwa der eine seinen Geschmack im Schlafzimmer und der andere seinen im Wohnzimmer verwirklichen darf. Diese Art von Kompromiß unterscheidet sich grundlegend von der erstgenannten;

hierbei darf sich jeder selbst in der Wohnung ausdrücken, während sich sonst beide zugunsten der Gemeinsamkeit selbst verleugnen müßten. Kompromisse muß man schließen, wenn man bei einer Firma oder Institution arbeitet, im Geschäftsleben, in der freien Wirtschaft, bei den eigenen Kindern oder wenn die Realität des Lebens anders ist als die eigene Vorstellung. Aber Kompromisse sollte man so gut wie nie schließen, wenn es im Privatleben um den eigenen Geschmack, um das eigene Revier, um die eigene Freiheit, um das eigene Leben, also um die eigene Identität geht.

Was negative Schicksalsereignisse und -situationen bedeuten

Im letzten Kapitel wurde festgestellt, daß sich das Schicksal von seiner unangenehmen Seite zeigt, wenn man seine eigene Identität verleugnet und daher auch in der Konsequenz nicht verwirklichen kann. Nun geht es darum, zu erkennen, was diese negativen Schicksalsereignisse und -situationen für den einzelnen *bedeuten*.

Wie schon Goethe zum Ausdruck gebracht hat, ist alles Sichtbare nur ein Gleichnis. Und diese Gleichnisse heißt es zu dechiffrieren. Es gilt, die Symbolsprache des Schicksals in die Sprache des Lebens zu übersetzen – ähnlich wie in der Psychosomatik die Symbolsprache der Organe als Hinweis gesehen werden kann, was zu tun ist.

Die chronische Bronchitis von Sabine K., z.B., ist ein Hinweis dafür, daß sie sich eingeengt fühlt, daß ihr Aktionsradius eingeschränkt ist, daß sie auch psychisch zu wenig Luft bekommt und daß es dringend erforderlich ist, daß sie ihre bisherige Situation verändert, aus der »falschen« Wohnung auszieht und sich eine neue »Traumwohnung« sucht, daß sie sich von ihrem Partner trennt, der sie seelisch hinabzieht, kurzum, daß sie völlig neu beginnt. So beginnt, daß sie wieder gut Luft bekommt, in jeglicher Hinsicht. Damit sie jedoch so einen gravierenden Schritt wagt, muß sie zuerst ihre eigene geistige Enge unter die Lupe nehmen.

Und damit sind wir bei den Gleichnissen des Schicksals in der Außenwelt. Die enge Wohnsituation ist nur ein Gleichnis für eine geistige Enge in ihr, die durch Vorurteile, Fixierungen oder falsche Glaubenshaltungen entstanden ist. Und diese falschen geistigen Einstellungen sind wiederum entstanden aus einem Mangel an Mut, einem Mangel an wirtschaftlichen Fähigkeiten, sowie einem Defizit an strategischen und taktischen Fähigkeiten. Insofern paßt die enge Wohnung besser zu ihr als die geräumigere, großzügige Traumwohnung! Aber – und das ist das Entscheidende – sie paßt nur zu ihren *unerlösten* Anlagen. In dem Moment, in dem sie an sich arbeitet und solche Anlagen ausbildet, hat sie keine Affinität mehr mit dieser Wohnung. Sie ist dann im wahrsten Sinne des Wortes dieser Wohnung entwachsen. Jede mißliche Situation in der Außenwelt ist daher eine Aufforderung zur Entwicklung!

Tu erst das Notwendige,
dann das Mögliche
und plötzlich schaffst Du
das Unmögliche.

Die größte Schwierigkeit: Die Umsetzung

Immer wieder stellen sich folgende Fragen: Warum setzt kaum jemand etwas um? Warum hat fast jeder unzählige Ausflüchte, um nichts in die Tat umsetzen zu müssen? Warum wiederholen viele lieber Wochenendseminare oder Ferienkurse mit bestimmten Themen als tatsächlich konkret im eigenen Leben etwas zu verwirklichen? Warum beginnt fast jeder lieber ein neues Buch zu lesen, als aus der vorhergehenden Literatur Konsequenzen zu ziehen?

Ein Grund mag darin liegen, daß vor allem introvertierte Menschen Weiterbildungsseminare besuchen und Sachbücher lesen, während Extrovertierte eher in der Außenwelt agieren und handeln.

Ungünstig ist dabei, daß die einen immer weiter in ihrer Innenwelt forschen, um nur ja nicht in der Außenwelt tätig werden oder Veränderungen vornehmen zu müssen und die anderen ständig in der Außenwelt handeln, um nicht nachdenken und in die Innenwelt horchen zu müssen.

Wenn diejenigen, die nachdenken und Bewußtwerdungs- und Reifeprozesse vollziehen, nicht oder nur wenig handeln und die, die handeln, nicht oder nur wenig nachdenken, ist es nicht verwunderlich, daß es so viele Mißstände auf dieser Welt gibt. Deshalb wäre es gerade notwendig, daß immer mehr Menschen beides tun: nachdenken und handeln.

Interessant ist jedoch das Phänomen, daß extrovertierte Menschen, die gute Handlungs- und Managementfähigkeiten

sowie Organisationstalent ausgebildet haben und beruflich schon einige Projekte verwirklichen konnten, plötzlich bei den Dingen und Angelegenheiten, die sie selbst betreffen, ebensolche Umsetzungsschwierigkeiten aufweisen wie introvertierte Personen.

Von der Bewußtwerdung der Idee bis zur Verwirklichung vergehen oft Jahre und Jahrzehnte.

Peter L. brauchte 9 Jahre bis er die Kraft aufbrachte, aus seiner bisherigen, mehr als ungeliebten Wohnung auszuziehen und sich eine neue bessere Wohnung zu mieten, die mehr seinen Bedürfnissen entsprach.

5 Jahre dauerte es bis Michaela A. ihren Wunsch in die Tat umsetzen konnte, um aus einer Sekte auszutreten.

Robert T. benötigte 23 Jahre, um seinen ungeliebten Beruf als Verkäufer aufzugeben und schließlich den Beruf zu ergreifen, der mehr seinen Neigungen entsprach.

Ralf A. war alkoholabhängig. Obwohl er selbst und seine

Familie unter seiner Trunksucht litten, vergingen 6 Jahre vom Zeitpunkt seiner Entscheidung, eine Entziehungskur in einer Suchtklinik zu absolvieren, bis zur tatsächlichen Ausführung dieses Plans.

Selbst bei ganz trivialen Dingen wie dem Aufhängen eines Bildes im Wohnzimmer oder dem Verfassen eines Kündigungsschreibens verstreichen vom Wunsch bis zur Ausführung oft Monate und, in besonders schwerwiegenden Fällen, Jahre.

Im Grunde ist alles noch viel schlimmer:

So gibt es Umweltschützer, die die Umwelt stärker belasten als dies der Durchschnittsbürger tut, Psychotherapeuten, die für Humanismus plädieren, aber in ihrer eigenen Familie ein autoritäres Gehabe an den Tag legen oder Unternehmensberater, die Pleite gehen . . .

Man trifft auf Kinder von Pädagogen, die offensichtlich mißraten sind, auf Ernährungsberater, die bei ihrer eigenen Ernährung nicht einmal die Grundregeln beachten, die sie tagtäglich predigen oder auf Partnerschaftstrainer, deren eigene Beziehung im argen liegt.

All diesen Menschen ist gemein, daß sie gerne reden und Ratschläge erteilen, aber selbst nicht imstande sind, ihre Lehre oder ihr Wissen umzusetzen. Überall wird geredet und geredet, aber kaum jemand tut etwas! In Berlin ist aufgrund dieser Problematik eine »Tu-wat-Initiative« ins Leben gerufen worden. Doch außer einem Autoaufkleber (Tu wat) bringen auch die Anhänger dieser Bewegung leider kaum etwas zuwege. Mancher wird nun fragen: »Ja, wenn nicht einmal viele Fachleute fähig sind, das umzusetzen, womit sie sich täglich auseinandersetzen, wie soll das dann für mich als einfacher Mensch möglich sein?«

Doch ob Fachmann oder nicht, Umsetzungshindernisse, die nachfolgend vorgestellt werden sollen, heißt es erst mal abzubauen.

SELBST-
VERWIRKLICHUNG
BEQUEML
ANGST
PERFEKTION
ABHÄNGIGK
SCHAM
PESSIMISMUS

Umsetzungshindernisse

1. **Perfektionsanspruch**
   Viele Menschen kommen nie zum Handeln, weil sie unter allen Umständen perfekt sein wollen. Sie verhalten sich wie ein kleiner Junge, der gerne beim Fußball mitspielen will, es aber nicht ertragen kann, daß andere besser sind als er. So bleibt er lieber dem Spiel fern, als sich eine Blöße zu geben und sich austricksen zu lassen.
   Im Grunde haben Perfektionisten einen schwachen Eigenwert. Sie wollen sofort anerkannt und bewundert werden und scheuen die Mühe, einen langen Weg zu gehen. Doch nur der, der den Weg geht, kann auch das Ziel erreichen.

2. **Handlungslähmung und Handlungsblockade**
   Dieses Symptom resultiert häufig aus einer Erziehung, bei der dem Kind alles Handeln abgenommen oder das Handeln des Kindes entwertet wurde. Was auch immer es tat, es galt letzten Endes als falsch.
   Außerdem: Wer Handlungsblockaden aufweist, wird auch, nach dem Gesetz der Affinität, mit Blockaden im Außen konfrontiert. Möchte jemand z.B. ein Geschäft übernehmen, ist sich dabei aber unsicher, weil er den Neid seiner Freunde befürchtet, so ist dies keine gute Ausgangslage. Da er innerlich blockiert ist und nicht voll zu seinem Vorhaben steht, werden auch außen Hindernisse auftauchen, die eine Realisation erschweren.

3. **Verbot, sich etwas zu nehmen**
   Viele Menschen sind so sehr in ihrer Selbstverleugnung gefangen, daß sie gar nicht wagen, vom Leben etwas zu er-

haschen. Ihr strenges Über-Ich sagt ihnen: Du darfst Dir keinen Vorteil herausschlagen! Du darfst nicht selbst leben, sondern richtig ist nur, wenn Du für andere da bist, anderen dienst, es den Mitmenschen recht machst! Wo kämen wir denn da hin, wenn Du nun auch schon eigene Bedürfnisse anmeldest? Wenn das jeder täte, hätten wir ein Chaos.

4. <u>Kein Recht auf Wohlleben</u>

Eine Hemmung, es sich im Leben schön und angenehm zu machen, findet man häufig bei Menschen vor, die in einer Familiensituation aufwuchsen, wo Arbeit und Fleiß als gut, Vergnügen und Freude aber ausgesprochen oder unausgesprochen als »böse« apostrophiert wurden.
Während zuerst Maßregelungen bei Freude, Glück und Wohlleben von außen z.B. durch Eltern und Erzieher erfolgen, wird diese Hemmung schließlich verinnerlicht und kann sogar, wenn früher Strafen nach der »Lustbarkeit« erfolgten, zum bedingten Reflex werden: Auf eine Freude folgt eine Hemmung.
Oft bildet sich dann eine Selbstbestrafungstendenz aus, die bei Wohlleben, Freude und Vergnügen oder einfach, wenn es einem zu gut geht, maßregeln kann – etwa eine Erkältung als Strafe für Liebe im Auto oder Nierenbeschwerden nach einer durchzechten Nacht.
Auch Krankheiten während des Urlaubs sind nicht selten. Immer wieder begibt sich der Betreffende in Situationen, wo ihm Freude, Glück und Harmonie vergällt werden.
Deshalb ist wichtig, daß der einzelne sich nicht ins Boxhorn jagen läßt, sondern alles in die Wege leitet, um sein Leben so einzurichten, daß ein Optimum an Wohlleben herauskommt. Wer sich dieses Recht auf Wohlleben, Glück und Lebensgenuß nicht nimmt, dem wird es genommen!

Denn noch denken zu wenige darüber nach, wie man dem Mitmenschen ein schöneres Leben ermöglichen könnte, zu viele überlegen eher wie sie ihn für ihre Zwecke einspannen können.

5. **Kein Recht auf Erlaubnis**

Je mehr jemand von dem umsetzt, was ihn ausmacht, um so besser geht es ihm im Leben. Dieses wunderbare Leben widerspricht aber dem verinnerlichten Programm, daß man leiden muß, daß es einem schlecht gehen muß, daß man nichts vom Leben haben darf, weil man sonst als suspekt gilt.

Der einzelne hat sich selbst in diesen und anderen Fällen noch nicht die Erlaubnis gegeben, daß es ihm gut gehen darf, daß er ein paradiesisches Leben führen kann.

Viele geben sich auch deshalb nicht die Erlaubnis hierzu, weil sie ein schlechtes Gewissen denjenigen gegenüber haben, denen es schlecht geht.

Aber es ist doch auf alle Fälle besser, wenn es wenigstens ein paar Menschen gut geht, als daß es allen schlecht geht!

6. **Sich selbst nicht wirklich ernst nehmen**

Dieses Umsetzungshindernis ist meist bei Personen vorzufinden, die schon in frühester Kindheit in ihrem Eigenwert geschmälert wurden. Die Folge kann sein, daß sie sich später im Leben selbst für nichts Besonderes halten und sich gar nicht vorstellen können, welch wertvolle Anlagen und Fähigkeiten in ihnen schlummern. Sie glauben nicht an sich, sondern beherbergen in sich Glaubenssätze wie: »Das bin ja bloß ich! Was soll ich schon zuwege bringen! Um so etwas zu schaffen, muß jemand schon ein ganz Großer sein! Aber ich bin nur ein ganz normaler Mensch!«

7. **Keine Prioritäten setzen, sich verzetteln, Konzentrationsmängel**
   Es gibt Menschen, die würden so gerne etwas umsetzen, aber schaffen es nicht, weil sie zu viele Dinge auf einmal beginnen und nichts zu Ende bringen. Wer sein Leben konstruktiv gestalten möchte, muß Prioritäten setzen, muß sich zunächst auf eine Sache konzentrieren, ehe er die nächste angehen kann. Er muß die Hürden zuerst niedrig setzen, um Erfolgserlebnisse verbuchen zu können, ehe er an schwerere Aufgaben herangeht.
   Ferner: Wer das Wesentliche nicht vom Unwesentlichen unterscheiden kann, verliert sich in den Details. Was immer er tut, zeitigt nicht die fruchtbaren Ergebnisse, die er sich erhofft hat, und seine wertvolle Energie wird vergeudet.

8. **Ängste**
   Hier sind es vor allen Dingen: die Angst zu versagen, die Angst, etwas falsch zu machen und die Angst, nicht mehr geliebt zu werden.
   Sicher wird man des öfteren versagen und auch mal etwas falsch machen, doch Übung macht den Meister. Wer unbeirrt immer wieder neue Versuche startet, wird auch in der Umsetzung seiner Vorstellungen, Wünsche und Träume zu guter Letzt erfolgreich sein.
   Auch die Angst, nicht mehr geliebt zu werden, ist zwar oft genug berechtigt. Doch heißt es, sich hier die Frage vor Augen zu halten: Was ist das für eine Liebe, die einem nur zuteil wird, wenn wenn man sich selbst verleugnet?
   Wer sich für den eigenen Weg entscheidet, hat größere Chancen, echte Liebe und wahre Zuneigung zu erfahren.

9. **Schamgefühle**
   Viele Menschen schämen sich, wenn sie sich von der Norm abheben, wenn sie anders sind als die anderen,

wenn sie auf einem oder mehreren Gebieten aus der Reihe tanzen. Sie glauben dann, daß bei ihnen irgend etwas nicht stimmt oder nicht in Ordnung ist. Das Umgekehrte ist der Fall: Die Betreffenden können stolz sein, den Trampelpfad der Herde verlassen zu haben, nicht mehr »normal« zu sein, denn dadurch sind sie im Begriff, endlich einen Individuationsprozeß zu vollziehen, der sie selbst und in der Folge auch die Menschheit weiterbringt.

10. <u>Abhängigkeit vom Geschmack der anderen</u>
Viele sagen nicht ja zu ihrem eigenen Geschmack und richten sich bei allen Entscheidungen nach dem Geschmack der anderen und nach den Idealen der Mode. Auf diese Art und Weise können die Betreffenden ihre eigenen Inhalte nie in eine ihnen entsprechende Form, ihre persönliche Eigenart nie richtig zum Ausdruck bringen.
Die Betreffenden haben zwar vielleicht einiges umgesetzt, aber da es nicht das Eigene war, was verwirklicht wurde, sondern etwas Fremdes, sind sämtliche Bemühungen umsonst gewesen. Das Schicksal wendet sich hier nicht zum Positiven.

11. <u>Bequemlichkeit</u>
Viele Menschen leben jahraus, jahrein in dem Trott Arbeiten – Alkohol trinken – Fernsehen – Schlafen. Deshalb ist auch die Normalbiographie denkbar langweilig: Geburt – Schule – Arbeit – Heirat – Scheidung – Tod.
Kaum jemand rappelt sich vom Sofa hoch und beginnt sein Leben umzugestalten. Warum auch? Die unzähligen Programme im Fernsehen sorgen für Abwechslung genug und seit einiger Zeit gibt es auch noch das Internet, wo man herumsurfen kann. Und noch ein anderes Symptom fällt in diesem Zusammenhang auf: Viele Menschen wollen alles haben, aber wollen sich nicht der Mühe unterziehen, ihre Qualitäten zu entwickeln, um das Gewollte

damit zu erlangen. Träge und initiativlos spulen sie ihren Alltag herunter, lassen ihre Fähigkeiten verkümmern und kehren ihre Talente unter den Teppich. Sie verlieren sich an ein Leben, das mit dem, was sie sich ursprünglich vorgestellt und erträumt haben, nicht mehr das Geringste zu tun hat.

12. **Bedenken, ob es nicht noch schlechter wird**
Zu Beginn ihrer Ausbildung fragen manche unserer Kursteilnehmer:
»Und wer garantiert mir, daß es nach dem Lernprozeß, nach der Ausbildung der Anlage, nach der Umsetzung der eigenen Vorstellung nicht noch schlechter wird?« Wer jedoch das Prinzip des Lebens verstanden hat, wird sich in dieser Hinsicht keine Gedanken mehr machen. Er weiß, wenn er eine Anlage ausgebildet hat, wird diese Anlage auf alle Fälle sein Leben und das Leben seiner Mitmenschen entscheidend verbessern können.

Wer hat, dem wird gegeben

Vielleicht haben Sie das schon mal erlebt: Sie waren verliebt und just in dieser Zeit häuften sich ihre Chancen beim anderen Geschlecht. Plötzlich könnte man Partner im Überfluß haben, im Gegensatz zu der Zeit vorher, in der man sich vielleicht einsam fühlte und kaum jemand Interesse signalisierte.

Meist kommt ein solches Phänomen durch die veränderte Ausstrahlung zustande, die in Verliebtheitsphasen vorzufinden ist. Man ist selbstbewußter, ist nicht unbedingt auf einen neuen Kontakt angewiesen, ist also weniger erpicht darauf, jemanden kennenzulernen, ist unverkrampfter, steht den jeweiligen Situationen souveräner gegenüber.

Hinzu kommt, daß durch die Tatsache, einen neuen Partner kennengelernt zu haben, der innerseelische Partneranziehungsmechanismus in einen freien Fluß gebracht wurde. Jetzt, in dieser Phase könnte man nachhaken, und z.B. noch eine Bekanntschaftsanzeige in der Zeitung aufgeben, könnte jetzt, wo alles reibungslos läuft, wo alles nur so flutscht, auch noch Zweit-, Dritt- und Mehrfachbeziehungen aufbauen, wenn es das eigene Über-Ich oder die Zeit erlaubt.

Die Situation ist ähnlich einem Fußballspiel, bei dem eine Mannschaft immer wieder vergeblich gegen das Tor des Gegners stürmt, aber einfach kein Tor fallen will. Erst gegen Mitte der zweiten Halbzeit ist es soweit: Der Mittelstürmer kommt zum freien Schuß und verwandelt den Ball eiskalt zum 1:0. Endlich ist der Knoten geplatzt, der Bann ist gebrochen. Die Mannschaft spielt nun unverkrampft auf. Kurze Zeit später fällt das 2:0 und auch das 3:0. Da die gegnerischen Abwehrreihen nun total auseinanderbrechen, kann zu guter Letzt sogar das 4:0 erzielt werden.

Wir können also konstatieren: Wo schon ein Partner vorhanden ist, kommen häufig noch weitere potentielle Anwärter hinzu, wo schon ein Tor gefallen ist, ist die Wahrscheinlichkeit groß, daß noch weitere Tore fallen werden.

Oder negativ ausgedrückt: Wer keinen Partner hat, hat es schwer, einen zu finden. Geht etwa ein Mann im Zustand des sexuellen Ausgehungertseins »auf die Pirsch«, um eventuell eine Frau kennenzulernen, will ihn kaum eine haben. Die sexuelle Gier verursacht einen glasigen Blick und ein zu penetrantes Verhalten – es ist für alle sichtbar: Der hat es nötig.

Er ist sexuell im Minus – er ist nicht im Gleichgewicht und

bekommt daher überall nur eine Abfuhr. Hingegen, wenn er ohnehin nicht mehr weiß, woher er die Zeit für eine weitere Partnerin noch nehmen soll, verführt ihn noch eine neue potentielle Freundin nach allen Regeln der Kunst.

Die dahinterliegende Gesetzmäßigkeit lautet:
Wer (etwas) hat, dem wird gegeben, und wer wenig hat, dem wird das Wenige noch weggenommen.

Diese Gesetzmäßigkeit zeigt sich auf allen Lebensfeldern. Wer klug ist, wird immer klüger, der Reiche immer reicher, der Kommunikationsfähige hat Gesprächspartner im Überfluß, der Sportliche wird immer fitter, der Freiheitsliebende immer freier . . .

Und umgekehrt: Der Dumme wird immer dümmer, der Arme immer ärmer, der Kommunikationsgestörte verliert auch noch seine letzten Kontakte, der Unsportliche wird immer träger und unförmiger, der Unfreie und Abhängige immer gestreßter und unfreier . . .

Gehen wir noch einen Schritt weiter: Wenn die Schere etwa zwischen Dummheit und Klugheit, zwischen Armut und Reichtum immer weiter auseinanderklafft, weil die Dummen immer dümmer und die Klugen immer klüger werden bzw. die Armen immer ärmer und die Reichen immer reicher, so ist dies nicht einfach eine vorgegebene Gesetzmäßigkeit oder eine unverrückbare Tatsache, die es zu akzeptieren gilt, sondern hat noch tieferliegende Gründe.

In meinen Seminaren über die Gesetze des Erfolges und Erfolgskybernetik konnte ich feststellen, daß vor allem solche Menschen daran teilnahmen, die beruflich ohnehin schon sehr erfolgreich waren und nun noch erfolgreicher werden wollten. Eigentlich sollte es doch umgekehrt sein, daß nämlich zu den Erfolgstrainings gerade die Erfolglosen strömen, um endlich aus ihrer mißlichen Situation herauszukommen.

Es scheint aber in der Natur des Menschen zu liegen, daß derjenige, der ohnehin schon eine Anlage hat, den Drang verspürt, diese Anlage noch auszubauen, zu verfeinern, zu differenzieren. Er will auf diesem Gebiet noch besser werden!

Oder anders ausgedrückt: Wer gut Tischtennis spielen kann, will dieses Talent auch einsetzen, kauft sich eine Tischtennisplatte, animiert jeden, der zu ihm kommt, dazu, mit ihm zu spielen, wer gut tanzen kann, will tanzen, wer rhetorisch geschickt ist, will interessante Gespräche führen . . .

Denn wer mit einer Anlage erfolgreich ist, will dieses Erfolgserlebnis wiederholen. Und wer eine Anlage nicht oder nur in schwacher Form zur Verfügung hat, verleugnet gewöhnlich dieses Lebensfeld, tut so, als ob es das nicht gäbe oder entwertet das Talent oder die jeweilige Anlage.

Hier einige Beispiele:

Petra G. hat ihre geistigen Anlagen zuwenig ausgebildet, deshalb wirft sie jedem, der auf diesem Gebiet versiert ist, vor: »Du bist total verkopft! Schau lieber darauf, was Dein Bauch sagt!«

Thomas H. ist handwerklich sehr begabt, kann sich aber verbal nicht gut ausdrücken. Er bezeichnet all diejenigen, die über eine gute Kommunikationsfähigkeit verfügen, als »Schwätzer«.

Lisa K. hat wenig Lust auf Sex. Ihre Orgasmusprobleme deutet sie als Problem ihres Partners um. Sie: »Heinz, warum fragst Du mich immer, ob ich Erfüllung erlebt habe? Muß man denn immer gleich zum Orgasmus kommen? Sei doch nicht so fixiert darauf! Es war doch auch so schön! Laß' doch einfach los! Ich glaube, daß ich deshalb keine Erfüllung erleben kann, weil Du es erwartest!«

Kevin K. weist wenig Bildung auf, übt aber an den Gebildeten ständig Kritik. Überall verkündet er seine These; daß jene zwar »gescheit daherreden, aber zu blöd sind, um einen Nagel in die Wand zu schlagen«.

Herbert L. hat Figurprobleme und ist zudem sehr unsportlich. Seiner Meinung nach ist Sport Mord. Er sagt, er könne einfach nicht begreifen, was so schön an Sport sein soll, warum es tatsächlich Menschen gibt, die daran Spaß und Freude haben.

Die bisherigen Ausführungen machen deutlich, daß die Ungerechtigkeit des Sprichwortes »Wer hat, dem wird gegeben« nur bei oberflächlicher Betrachtung besteht, bei genauerer Analyse jedoch wird deutlich, daß Glück, Reichtum, Gesundheit, Erfolg oder eine gute Partnerschaft nicht von ungefähr kommen.

Wenn man der eigenen Natur freien Lauf ließe, wäre all das ohne weiteres möglich, doch die meisten Menschen ziehen es vor, ein Abwehrverhalten an den Tag zu legen.

Betrachten wir einmal genauer, welche Motivationen hinter diesem Abwehrverhalten stehen können.

Abwehr gegenüber der Ausbildung von Anlagen und Fähigkeiten

- Abwehr, um nicht evident werden zu lassen, daß man sich auf einem spezifischen Lebensfeld zu wenig informiert hat oder dort inkompetent ist.

- Abwehr, um nicht augenscheinlich werden zu lassen, daß man selbst – wie alle anderen Menschen auch – unvollkommen ist (Omnipotenzanspruch).

- Abwehr, um trotz Defizit oder Manko höher, besser und intelligenter als andere zu erscheinen, moderner, trendgerechter oder vernünftiger und seelisch-geistig gesünder als derjenige zu sein, der über diese Anlage verfügt. (Das Defizit oder Manko wird dabei häufig auf's Podest gehoben, etwa, wenn ein Redegehemmter behauptet: Schweigen ist Gold).

- Abwehr, um sich der Mühe zu entbinden, etwas *lernen* bzw. eine *Anlage ausbilden* zu müssen (um nicht üben oder trainieren zu müssen).

- Abwehr, um sich selbst zu bestätigen, daß der eigene Lebenskurs – und sei er noch so mit Schicksalsschlägen und Krankheiten gepflastert – richtig und nicht verbesserungswürdig ist.

- Abwehr, um weiter der eigenen Bequemlichkeit frönen zu können und um nichts tun, nichts umsetzen oder verwirklichen zu müssen.

Das Erstaunliche dabei ist, daß dieses Abwehrverhalten gegenüber der Ausbildung der natürlichen Anlagen und Fähigkeiten zur Norm wird, so daß man damit überall anerkannt und geachtet ist. Aber: Das war's auch schon!

Mit diesem Abwehrverhalten kann man außer dem Umstand, damit Anerkennung zu ernten, die Massenmeinung zu verkörpern und als »normal« zu gelten, keinen Blumentopf gewinnen; denn weder wird der Betreffende damit besonders erfolgreich im Berufsleben noch als Mensch glücklich und zufrieden werden. Ganz einfach deshalb, weil keine Inhalte da sind, die Erfolgserlebnisse nach sich ziehen könnten.

Eine weitere Schwierigkeit liegt auch darin, daß der Abwehrende gar nicht weiß, was ihm alles entgeht und was er tagtäglich alles versäumt.

Das weiß derjenige, der eine Anlage zur Verfügung hat, sehr wohl. Im Gegensatz zum Abwehrenden interessiert sich etwa der finanziell Erfolgreiche für Geld, Aktien, Rentenfonds, Devisen, Termingeschäfte ... Er ist sich bewußt, welcher Gewinn ihm entgangen ist, weil er etwa zu einem bestimmten Zeitpunkt nicht in ein Termingeschäft eingestiegen ist, oder weil er etwa den Schweizer Franken in seiner Wertentwicklung über- oder unterschätzt hat. Der finanziell Erfolgreiche denkt nach, beobachtet den Markt, wählt aus, geht kalkulierte Risiken ein, investiert Zeit und Kraft – und natürlich Geld. Wer Geld hat, kann es gewinnbringend investieren oder einen Zinsertrag erzielen. Wer finanzschwach ist, muß – um sich etwas kaufen zu können – Geld aufnehmen und dafür hohe Zinsen zahlen.

Ähnlich verhält es sich mit unseren Anlagen und Fähigkeiten. Wer eine Fähigkeit ausgebildet hat, wird dafür von denjenigen bezahlt, die diese Fähigkeit dringend brauchen, sie aber selbst nicht haben oder einsetzen können.

Ein Gewinn entsteht dann, wenn der Wert unserer Fähigkeiten, für die wir bezahlt werden, höher ist, als der Wert unserer Unfähigkeiten, für die wir zahlen müssen.

Geld ist demnach nur ein Gleichnis für unsere Anlagen und Fähigkeiten (die mit Geld aufgewogen werden). Gewinnsteuerung können wir deshalb als das Erkennen unserer besonderen Fähigkeiten und den rationalen Einsatz der dazu notwendigen Mittel und Leistungen begreifen. Je mehr es uns gelingt, unsere vorhandenen Fähigkeiten aktiv einzusetzen, und je größer der Wirkungsgrad, desto besser wird schließlich auch das Ergebnis in der Gewinn- und Verlustrechnung.

Gehen wir noch einmal auf das Interesse und das Engagement desjenigen zurück, der eine Anlage zur Verfügung hat.

So wie der wirtschaftlich Prosperierende sich für Wirtschaft und Finanzen interessiert, nachdenkt und versucht, immer wieder neue Geldquellen zu erschließen, so versucht auch der Kluge sich stetig weiterzuentwickeln, indem er sich informiert, Bücher liest, mit anderen diskutiert und Seminare besucht. Und Wissen erzeugt mehr Wissen. Je mehr man weiß, desto mehr kann man dazulernen. Je mehr Informationen man hat, desto leichter kann man neue Informationen begreifen und verarbeiten.

Der Dumme hingegen denkt nicht nach, schottet sich vor Informationen ab, beschäftigt sich nicht mit Sachbüchern, und Weiterbildungsseminare zu besuchen, zieht er noch nicht einmal in Erwägung. Die Folge ist, daß er geistig entweder stehenbleibt oder gar mit fortschreitendem Alter immer mehr geistig verarmt.

Nachfolgend seien jeweils zwölf Punkte erwähnt, die die Tragweite erkennen lassen, welche Folgeerscheinungen im eigenen Leben zu verzeichnen sind, wenn man eine Anlage noch nicht erfolgreich ausgebildet hat.

Wirkungen einer fehlenden, mangelhaft ausgebildeten oder falsch erlernten Anlage

1. Einbuße der eigenen Lebensqualität
   Man stelle sich vor: Jemand ist abgrenzungsschwach, ist unfähig, sich auf etwas zu konzentrieren und verfügt über nur wenig Kontaktfähigkeit.
   Es leuchtet ein, daß aufgrund dieser Defizite die eigene Lebensfreude immens geschmälert wird. Er wird oft manipuliert, hat Schwierigkeiten in jeder Begegnungssituation und Probleme, sich einen eigenen Freundeskreis aufzubauen.

2. Keine Weiterentwicklung
   Wehrt sich der Betreffende, seine Anlagen auszubilden, ist keine persönliche Weiterentwicklung möglich und seine potentiellen Fähigkeiten liegen brach.

3. Disposition zu Krankheit auf diesem Gebiet (der Leib als Symbol)
   Eine Fähigkeit oder Anlage, die nicht eingesetzt wird, hat die Tendenz, den Körper als Gleichnis zu verwenden. Es wird symbolhaft am Körper gezeigt, was fehlt.
   Ist jemand etwa durchsetzungsschwach und hat daher Aggressionen verdrängt, oder er kann vielleicht aufgrund eines zu starken Über-Ichs seine sexuellen Triebe nicht zulassen, versucht das Unbewußte, dies in Form von Kopfschmerzen auszudrücken. Der Kopf steht symbolisch für Durchsetzung und Trieb. Die vasomotorischen Vorgänge bei Kopfschmerzen veranschaulichen das den ganzen Menschen erfassende Verkrampfen, An-

drängen und Stauen der abgewehrten Aggression. Der Betreffende lebt dabei im Widerstreit zwischen den Ansprüchen einer aggressiven Durchsetzung und einer starken Abwehr, wobei die Hemmung von ihm selbst ausgehen kann (via Über-Ich) oder von außen aufgezwungen wird.
In dieser Ambivalenz kommt es zu Frustrationserscheinungen, die u.a. eben in Kopfschmerzen zum Ausdruck kommen.

4. <u>Forcierung des Alterungsprozesses</u>
   Eine Anlage nicht zur Verfügung zu haben, ist mit negativem Schicksal verbunden. Anstatt selbst die Geschicke in die Hand zu nehmen, wird man gelebt. Weil man sein Selbst nicht verwirklichen kann, wendet sich die Energie gegen einen selbst. Die ständigen Reaktionen auf dieses fremdbestimmte Schicksal – Ärger, Frustration, Streß, Wut, Ohnmacht, Schuldgefühle, Angst, Sorgen und Verdruß machen krank und alt. Ein Mensch, der so leben muß, verbraucht sich. Er wird zum sogenannten »Verbraucher«, d.h. er baut seine Energie nicht auf, sondern ab. Je mehr er sein Naturpotential verbraucht, desto schneller altert er.

5. <u>Gefahr der Überkompensation auf einem anderen Lebensgebiet</u>
   Wer in einer Anlage gehemmt ist, neigt dazu, auf einem anderen Lebensgebiet zu überkompensieren und dadurch wiederum negative Folgeerscheinungen zu bewirken. Wenn ein erfolgloser Unternehmer beispielsweise fanatisch Sport treibt, kommt er durch diese Überkompensation aus dem psychischen Gleichgewicht. Tatsächlich stimmt seine Gewichtung in seinem Persönlichkeitssystem nicht mehr. Er übernimmt sich körperlich und ist daher laufend verletzt.

6. **Gefahr, sich Ersatz zuzulegen und so wiederum Folgeerscheinungen des Ersatzes ertragen zu müssen** (siehe Seite 99ff.)

7. **Falsche Anziehung von Partnern und Freunden**
Aufgrund der fehlenden oder schwach ausgebildeten Anlage zieht der einzelne nur Partner und Freunde an, die zu diesem Defizit passen – entweder Menschen, die seine Durchsetzungshemmung, Abgrenzungsschwäche, Unselbständigkeit ... bewußt oder unbewußt ausnutzen, d.h. sich daran stabilisieren, oder Menschen, die ähnlich wie er vom Schicksal gebeutelt werden, weil sie ebensolche Unfähigkeiten aufweisen. Man zieht also nicht Partner an, die wirklich zur eigenen Identität passen, sondern durch die mangelnde oder falsch erlernte Anlage ist eine Verfälschung der Anziehung eingetreten, die kaum mehr rückgängig gemacht werden kann; denn nun muß sich der Betreffende monatelang, jahrelang, ja oft jahrzehntelang mit den unzähligen negativen Folgeerscheinungen bzw. Wirkungen auf die falsche Partnerwahl oder auf die falsche Wahl von Freunden auseinandersetzen. Hinzu kommt, daß er von denjenigen, die eine ähnliche Schwäche aufweisen, nichts lernen kann, und daß jene, die sich an seiner Schwäche stabilisieren (wie beispielsweise der Aggressor an seiner Durchsetzungsschwäche), ihn noch weiter ins Defizit treiben.

8. **Verwehrung der Anlage dem Partner und Mitmenschen gegenüber – Einbuße der Lebensqualität der anderen**
Kann jemand eine Anlage nicht in die Partner- oder Freundschaft einbringen, schmälert er die Lebensqualität des anderen. Hat jemand etwa seinen Humor nicht ausgebildet, verwehrt er auf Dauer dem Partner heitere Stunden. Ebenso ist es mit jeder anderen Anlage. Will der

Partner nicht kuscheln oder ist er unfähig, seine Gefühle zu zeigen, wird die Qualität der Beziehung dadurch entscheidend vermindert.

9. **Aus 8. folgen ungünstige Reaktionen des Partners oder der Mitmenschen**
Die Frage ist hier, wie viele Mängel kann man dem Partner oder Mitmenschen zumuten und wieviel läßt sich letzterer auf Dauer gefallen.
Meist reagieren die jeweiligen Partner und Mitmenschen auf das Fehlen einer Anlage mit Aggression, Wut, Nörgelei, Sucht und Fluchttendenzen, Seitensprüngen, Krankheit und Suizidversuchen. Und diese ungünstigen Reaktionen der anderen verschlechtern wiederum erneut die eigene Ausgangsposition, die Qualität des eigenen Lebens, die Gesundheit und die Lebensfreude. Es ist mit einer enormen negativen Verstärkung zu rechnen. Meist werden jedoch die negativen Reaktionen nicht mit dem eigenen Mangel in Beziehung gebracht. Man empfindet dieses negative Schicksal als ungerecht, da man glaubt, alles getan zu haben, dem anderen gegenüber wohlwollend gewesen zu sein.

10. **Gefahr der negativen Reaktion auf die negativen Reaktionen der anderen**
Nun ist der einzelne häufig gezwungen, seinerseits auf die negativen Reaktionen der anderen zu antworten. Da man gewöhnlich die negativen Reaktionen der anderen nicht als Wirkung auf eigene Ursachen und Defizite sieht, sondern als eigenständige Aktionen, fällt es sehr schwer, sich dabei besonnen, vernünftig und wirklichkeitsadäquat zu verhalten. Im Gegenteil: Durch die negative Verstärkung wird man nun auch ungehalten, wird aggressiv, schreit zurück, kämpft mit unlauteren Mitteln, geht womöglich verbal unter die

Gürtellinie – und verliert dadurch noch mehr »sein Gesicht«.

11. **Gefahr der Somatisierung aufgrund der negativen Reaktionen der anderen bzw. aufgrund von ungünstigem äußerem Schicksal**
Die Aggressionen, Attacken, Seitensprünge und Suchttendenzen der anderen können auf Dauer oft nicht verkraftet werden. Das äußere negative Schicksal wird verinnerlicht. Falls nicht ohnehin aufgrund der schwach ausgebildeten Anlage schon eine Somatisierung vorliegt – sie würde durch die Reaktionen der anderen noch verstärkt werden – beginnt man nun, die Probleme und Konflikte mit dem eigenen Leib auszutragen.

12. **Durch die Wechselwirkungen innerhalb und außerhalb des Persönkeitssystems entstehen negative Folgeerscheinungen auch auf anderen Lebensgebieten**
Ein Mangel an einer Anlage bleibt nicht auf einen spezifischen Sektor beschränkt, er hat auch Auswirkungen auf andere Lebensgebiete.
So kann etwa ein mangelndes Organisationstalent oder eine Unfähigkeit, konstruktive Kritik anzunehmen, ungünstige Auswirkungen im Berufsleben nach sich ziehen. Die beruflichen Schwierigkeiten wiederum reduzieren den Eigenwert, der mangelnde Eigenwert schwächt die Abgrenzungsfähigkeit, die gehemmte Abgrenzungsfähigkeit beeinträchtigt das Organisationstalent . . .

Zwar können diese zwölf Folgeerscheinungen beim einzelnen beobachtet werden, aber der Betreffende selbst glaubt nicht im Geringsten, daß ihm eine Anlage fehlen könnte oder gar, daß er eine Anlage falsch erlernt hätte.

Wenn eine Frau noch nie einen Orgasmus erlebt hat, fehlt ihr dieses Erlebnis nicht, wer wenig nachdenkt und sich wenig informiert, also über wenig geistige Inhalte verfügt, dem fehlt ein tiefgehender geistiger Austausch nicht, wer unsportlich ist, dem fehlt die körperliche Betätigung, die mit einer spezifischen Sportart verbunden ist, nicht.

Man weiß aber auch in solchen Fällen nicht, was einem alles dabei **entgeht.**

Und das ist ein wichtiger Punkt. Man weiß nicht nur nicht, welch positives Schicksal man beim Vorhandensein der Anlage erwirkt hätte, sondern erkennt auch nicht, daß das Schicksal einen bestraft; denn man nimmt die Strafe ja gar nicht als solche wahr, sei es, daß man – wie erwähnt – die Wir-

kungen (= das vom Schicksal Geschickte) nicht auf die eigenen Ursachen zurückführt oder sei es, daß man gar nicht weiß, wie schlecht man dran ist beim Fehlen eines Orgasmus, eines schönen Gespräches oder einer guten körperlichen Kondition.

Das eben Gesagte gilt genauso auch bei falsch erlernten Anlagen.

Eine Anlage falsch erlernt zu haben, ist oft mit noch schlechterem Schicksal verbunden als wenn die Anlage nur im gehemmten Zustand vorhanden wäre.

Warum? Jeder Tennislehrer kann bestätigen, daß es sehr viel schwieriger ist, ein bereits falsch eingeübtes, automatisiertes Schlagverhalten zu korrigieren, als von vorneherein jemandem die richtige Spielweise beizubringen. Ebenso verhält es sich mit den Anlagen der menschlichen Natur. Wer eine Anlage falsch erlernt hat, agiert diese – sofern er sich dessen nicht bewußt ist und keine Anstalten macht, die Anlage neu zu erlernen – ein Leben lang aus.

Hat jemand z.B. ein falsches Kommunikationsverhalten, so bleibt er dabei, selbst wenn Mißerfolg, Einsamkeit und Krankheit seinen Lebensweg pflastern, denn die Kettenreaktionen darauf sind sehr weitreichend. Nicht nur im Berufsleben und in der Partnerschaft, auch im Freundeskreis sind gravierende negative Wirkungen erkennbar. Es findet durch dieses Fehlverhalten bereits – für den Betreffenden unmerklich – eine Vorauswahl an Freunden statt. Wer läßt sich denn so ein Kommunikationsverhalten schon bieten? Doch nur Menschen, die einen großen Mangel an Eigenwert aufweisen, andere gehen sofort auf Distanz und wollen mit demjenigen nichts zu tun haben. Sofern das Auf-Distanz-Gehen überhaupt wahrgenommen wird, wird es auf alle Fälle falsch interpretiert. Wie im Falle von Robert S., der ohne Unterlaß redete und seinen Mitmenschen kaum eine Chance ließ, auch mal zu Wort zu kommen. Er rief am Freitag abend einige Frauen an, um anzufragen, ob sie das Wochenende mit ihm verbringen wollten, doch jede lehnte ab. Er bezog diese Absagen jedoch nicht auf sein fehlerhaftes Kommunikationsverhalten, sondern interpretierte sie als mangelnde Beziehungsfähigkeit der Frauen.

Auch wissen viele Menschen nicht, welch angenehmes Schicksal sie erfahren könnten, wenn sie dieses oder jenes Vorurteil, diese oder jene Ideologie, diese oder jene Weltanschauung nicht hätten.

Auch hier gilt: Das Schicksal bestraft sie – ohne daß sie es wissen, daß es sie bestraft.

Karin B., z.B., lernte einen jungen Mann kennen, der ihr auf Anhieb gut gefiel. Der Mann hatte nur ein paar Mankos, die sie nicht nur nicht gutheißen konnte, sondern deren sie sich sogar schämte. Er hatte Flugangst, schüttete heißes Wasser in sein Bier und wärmte seine Bananen im warmen Wasserbad. Dieses Verhalten war mit ihrem Bild, wie ein richtiger Mann sein soll, nicht vereinbar. Es störte sie so sehr, daß sie ihm bereits nach dem vierten Rendezvous den Laufpaß gab. Sie sah nur seine »Schwächen«, seine Stärken hingegen konnte und wollte sie nicht sehen. Zehn Jahre später lernte sie eine Frau kennen, die genauso lebte wie sie es sich in ihren Träumen immer ausgemalt hatte: viel Freizeit, eine Traumvilla in einer vornehmen Wohngegend, interessante Menschen als Freunde, nettes Personal – und einen Mann, der beruflich erfolgreich und zudem ein toller Liebhaber war. Als sie deren Ehemann persönlich kennenlernte, erschrak sie zutiefst, denn er entpuppte sich als jener Mann, den sie damals abblitzen ließ.

Günstige Wirkungen einer ausgebildeten Anlage

1. **Gravierende Verbesserung der eigenen Lebensqualität**
   Welche Anlagen auch immer zum Einsatz kommen – sei es ein gutes Planungsvermögen oder sei es die Fähigkeit, seelische Wärme und Geborgenheit zu schenken, sie erwirken auf alle Fälle mehr Lebensfreude.

2. **Verbesserung der Gesundheit durch die Investition einer Anlage**
   Wenn eine Anlage oder Lebensenergie im freien Fluß ist, kann sich eine Krankheit nur schwer manifestieren. Wer etwa seine wirtschaftlichen Fähigkeiten ausgebildet hat und fähig ist, sein Leben zu managen, hat weniger Ärger, weniger Sorgen, weniger verdrängte Aggressionen.
   Kurzum, es entstehen weniger negative Gefühlsreaktionen, die die Gesundheit belasten könnten. Ganz abgesehen davon, daß die durch den Einsatz der Anlage erwirkte Lebensfreude die Anlage stärkt und sie resistent gegenüber Krankheit und Leid macht.

3. **Persönliche Weiterentwicklung**
   Eine Anlage auszubilden oder nachreifen zu lassen, heißt als Mensch zu wachsen und zu reifen.
   Hier wird klar, daß es besser ist, sich konstruktiver Kritik zu stellen, als immer zu erwarten, von anderen in seinem So-Sein bestätigt zu werden. Man könnte das Motto für die Umwelt ausgeben: Sagt mir, worin ich gut bin, damit ich weiß, was ich gelernt habe, aber sagt mir auch, was mir fehlt, damit ich erkenne, was ich noch lernen muß.

4. **Tendenz zur Verjüngung**
Wer eine Anlage einübt und einsetzt, stärkt sie und baut sie auf. Es ist bisher noch unerforscht, welches Alter ein Mensch erreichen könnte, wenn er alle seine natürlichen Anlagen entfalten würde. Daß er jedoch älter wird als gewöhnlich und sich im Alter auch noch guter Gesundheit erfreut, gilt als sicher.

5. **Günstige Beeinflussung auch auf anderen Lebensgebieten**
Die Übersicht auf Seite 96 soll aufzeigen, wie durch Ausbildung einer einzigen Anlage – am Beispiel der Kommunikationsfähigkeit – auch andere Lebensgebiete günstig beeinflußt werden.

6. **Weniger Kosten, da kein Ersatz gekauft werden muß – Kein Energie-, kein Lebenszeitverlust**
(siehe Seite 99 ff.)

7. **Bessere Anziehung von Partnern und Freunden**
Hat jemand eine Anlage entsprechend seiner persönlichen Eigenart ausgebildet, ist die Anlage genauso mit einer natürlichen Widerstandsfähigkeit ausgestattet wie ein Organ oder ein Organsystem im körperlichen Organismus. So wie bei letzerem kaum pathogene Viren oder Bakterien manifest werden können, so können bei einer ausgebildeten Anlage »Erreger« in der Außenwelt wie Aggressoren, Revierverletzer, Blockierer, Verunsicherer, Unterdrücker, Verwirrer, Maßregler und Kontrolleure nicht Fuß fassen.
Die gesund ausgebildete Anlage hat die Tendenz, Menschen anzuziehen, die zu der eigenen Identität passen, Menschen, die einen günstigen Einfluß auf das eigene Leben ausüben.

Wirkungen einer entwickelten Kommunikationsfähigkeit

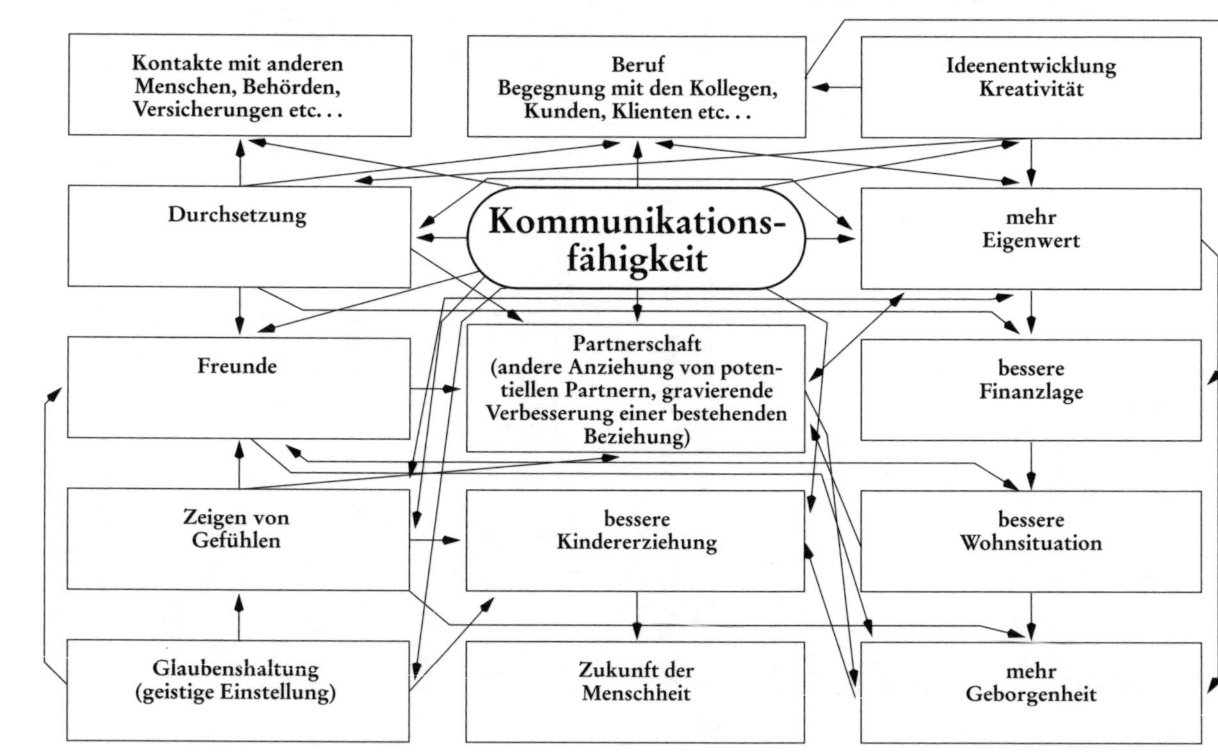

8. **Verbesserung der Lebensqualität und der Gesundheit des Partners und der Mitmenschen – die Anlage erfreut den anderen**
Eine ausgebildete Anlage schafft sofort eine angenehme Atmosphäre im zwischenmenschlichen Bereich. Der Mitmensch kann sich entspannt zurücklehnen. Er empfindet Erleichterung und spürt: Hier habe ich mit meinem Partner keine Belastung mehr, auf diesem Lebensgebiet habe ich kein negatives Schicksal und kaum eine Krankheit mehr zu erwarten. Wer etwa fähig wird, sein Leben besser zu managen, imstande ist, Gefühle zu zeigen oder fähig wird, seelische Liebe und Wärme zu schenken, erfreut den Partner, bietet ihm eine Gabe, die nicht mit Geld aufgewogen werden kann.

9. **Günstige Reaktionen des Partners und der Mitmenschen auf diese Anlage**
Der Partner oder Mitmensch zeigt auf die von einem selbst eingebrachte Anlage positive Reaktionen. Seine Stimmung hebt sich, er wird wohlwollender, freundlicher und aufgeschlossener. Außerdem möchte er sich revanchieren, indem er nun auch seinerseits versucht, dieselbe Anlage einzubringen oder er bringt auf einem anderen Lebensfeld etwas ein, etwa auf einem Feld, wo es ihm leichter fällt.

10. **Eigene günstige Reaktionen auf die positiven Reaktionen der anderen**
Wenn die Mitmenschen auf die eigene Anlage so angenehm, liebevoll und großzügig reagieren, wirkt das wiederum auf das eigene Persönlichkeitssystem zurück, auf die eigene Psyche, auf die eigene Stimmungslage. Insofern wird man auf die günstigen Reaktionen der anderen auch selbst wieder positiv reagieren und der günstige Zyklus verstärkt sich.

11. **Verbesserung der eigenen Gesundheit durch die positiven Reaktionen der anderen bzw. aufgrund des günstigen Schicksals**
Sämtliche positive Feedbacks auf die eigene investierte Anlage schaffen nicht nur eine bessere Stimmungslage, sondern wirken sich auch über die Psyche günstig auf die eigene Gesundheit aus. Gefühle von Freude, Zufriedenheit, Glück, Harmonie, Liebe, Geborgenheit, Freiheit, Unabhängigkeit stärken das Immunsystem und machen so widerstandsfähig gegenüber Krankheiten.

12. **Durch die positiven Reaktionen der anderen auf die eigene ausgebildete Anlage wird im Endeffekt die ganze Welt günstig beeinflußt**
Wer mit seiner Anlage einen günstigen Einfluß auf andere Menschen ausübt, setzt ungeahnte Kettenreaktionen in Gang; denn jeder, der beeinflußt wurde, beeinflußt wiederum sein Umfeld, d.h. seinen Partner, seine Freunde, seine Arbeitskollegen, die wiederum ihrerseits ihr Umfeld entsprechend anders beeinflussen . . . eine Kette ohne Ende.

»Leben – es gibt nichts Selteneres auf der Welt. Die meisten Menschen existieren, weiter nichts.« (Oscar Wilde)

Statt eigenem Erleben nur Ersatz

Diesem Kapitel sei zunächst ein Märchen aus unserer Industriegesellschaft vorangestellt, das fast wahr sein könnte . . .

Kennen Sie das Sprichwort »Dem Elch eine Gasmaske verkaufen«? Das sagt man in Schweden von jemandem, der sehr tüchtig ist. Hier soll kurz erzählt werden, wie es zu diesem Sprichwort gekommen ist.

Der Elch und die Gasmaske

Es gab einmal einen Verkäufer, der war dafür berühmt, daß er allen alles verkaufen konnte.

Er hatte schon einem Zahnarzt eine Zahnbürste verkauft, einem Bäcker ein Brot und einem Blinden einen Fernsehapparat. »Ein wirklich guter Verkäufer bist Du aber erst«, sagten seine Freunde zu ihm, »wenn du einem Elch eine Gasmaske verkaufst.«

Da ging der Verkäufer so weit nach Norden, bis er in den Wald kam, in dem nur Elche wohnten.

»Guten Tag«, sagte er zum ersten Elch, den er traf. »Sie brauchen bestimmt eine Gasmaske.«

»Wozu?« fragte der Elch. »Die Luft ist gut hier.« »Alle haben heutzutage eine Gasmaske«, sagte der Verkäufer. »Es tut mir leid«, sagte der Elch, »aber ich brauche keine.« »Warten Sie nur«, sagte der Verkäufer, »Sie brauchen schon noch eine.«

Und wenig später begann er mitten in dem Wald, in dem nur Elche wohnten, eine Fabrik zu bauen.

»Bist du wahnsinnig?« fragten seine Freunde. »Nein«,

sagte er, »ich will nur dem Elch eine Gasmaske verkaufen.« Als die Fabrik fertig war, stiegen so viel giftige Abgase aus dem Schornstein, daß der Elch bald zum Verkäufer kam und sagte:

»Jetzt brauche ich eine Gasmaske.«

»Das habe ich mir gedacht«, sagte der Verkäufer und verkaufte ihm sofort eine.

»Qualitätsware!« sagte er fröhlich. »Die anderen Elche«, sagte der Elch, »brauchen jetzt auch Gasmasken. Hast Du noch mehr?« (Elche kennen die Höflichkeitsform »Sie« nicht.) »Da habt ihr Glück«, sagte der Verkäufer, »ich habe noch Tausende.«

»Übrigens«, sagte der Elch, »was machst Du in deiner Fabrik?«

»Gasmasken«, sagte der Verkäufer.

Da die Ausbildung der natürlichen Anlagen des Menschen in unserer Kollektivneurose verwehrt und auch vom einzelnen selbst via Abwehrmechanismen verhindert wird, findet man überall nur Ersatz, der offensichtlich auch von vielen gewünscht wird.

Man tut so, als ob nichts, was natürlich ist – weder in der Allnatur noch bei der menschlichen Natur – von Wert wäre und deshalb künstlich ersetzt werden müsse.

Statt der Sonne Neonlicht, statt Wiesen und Wälder Beton und Asphalt, statt Abenteuer Zigaretten, deren Werbebilder abenteuerliche Situationen beinhalten . . .

Die Menschheit hat mit unendlichem Fleiß und unter großen Opfern an Menschenleben und Lebenszeit eine zweite Welt geschaffen, eine künstliche Welt, die die natürliche Welt verleugnet, pervertiert, übertüncht, vergessen läßt.

Das Natürliche, das Gesunde und Lebendige verfälschen, verdrängen und nicht aufkeimen lassen, das Künstliche, das Kranke und Tote aber fördern, bestaunen und als Erfolg propagieren, sind Charakteristika der Kollektivneurose.

Da die ursprünglichen Bedürfnisse nicht oder nur wenig gestillt werden, leiden Millionen Menschen an Defiziten und Mangelerscheinungen, die dann durch Ersatzprodukte oder -handlungen kompensiert werden.

Die verschiedenen Wirtschaftszweige bieten eine breite Palette an Ersatzmöglichkeiten an – von der Luxusyacht bis zum Farbfernseher, vom Privatflugzeug bis zur Filmkamera. All diese Dinge sind nicht selten Ersatz für lebendige Anlagen.

Die meisten Menschen haben sich schon so sehr in dieser »Surrogatwelt« eingerichtet, daß sie gar nicht mehr wissen, wie man sonst noch leben könnte.

Die Übersicht auf Seite 102 macht deutlich, in welch vielfältiger Weise ein Ersatz einer natürlichen Anlage vorgezogen wird.

Was würde sich die menschliche Natur wünschen, wenn sie unverfälscht wäre?

Die Antwort ist einfach: Die wahre Natur des Menschen hat Freude an schönen Gesprächen und lukullischen Speisen, möchte seelische Wärme und Geborgenheit empfinden, möchte herzen und küssen, stundenlang kuscheln und seelische Liebe geben und empfangen, möchte ein eigenes Revier (eigenes Zimmer) haben, empfindet Glück bei Sex und aufregender Erotik, hat Spaß an Sport und Spiel, will das Abenteuer des Lebens genießen, will frei und unabhängig sein, spazierengehen, baden, kreativ sein, analysieren und forschen, den eigenen Geschmack ausdrücken, den eigenen Weg gehen, sich eigene Ziele setzen, will eigene Phantasien und Träume entwickeln und sie in der Welt verwirklichen . . .

Das Stillen all dieser Bedürfnisse ist meist mit erheblich weniger Kosten verbunden als der Erwerb von Ersatz.

Wer, statt die entsprechende Anlage auszubilden, den Ersatz bevorzugt, muß mit acht Folgeerscheinungen rechnen, die noch zu den zwölf Punkten beim Fehlen einer Anlage (siehe Seite 86 ff.) dazukommen. Diese acht Folgeerscheinungen werden im nächsten Kapitel beschrieben.

Anlage	Ersatz
Durchsetzungsfähigkeit sexuelle Potenz	Mit einem Sportwagen die eigene »Potenz« demonstrieren
Entwicklung eines realen Eigenwerts	Statussymbole und Prestigegüter
Kommunikationsfähigkeit	Ständiges Radiohören
Fähigkeit, seelische Wärme zu geben und zu empfangen	Pelzmantel
Unternehmerische Fähigkeiten	Ständiges Ausgehen (jeden Abend etwas »unternehmen«), die Abende vor allem in Lokalen verbringen
Erfolgsfähigkeit	Kartenspiel (um wenigstens hier zu gewinnen)
Analytische Fähigkeiten (Fähigkeit, die eigene Seele zu reinigen)	Überdimensionierter Reinigungsdrang (Putzfimmel)
Fähigkeit, den eigenen Geschmack auszudrücken	Mode (insbesondere Haute Couture)
Fähigkeit, prickelnde Erotik zu erzeugen	(prickelnder) Champagner
Fähigkeit, ein eigenes Lebensprogramm zu entwickeln	Fernsehprogramm
Fähigkeit, durch Reisen in die Innenwelt die eigene Identität zu entdecken	Fernreisen
Verantwortungsfähigkeit	Alkohol und Drogen (Flucht vor Verantwortung)
Fähigkeit, eigene Ziele zu verwirklichen	Fremdbestimmte Ziele und Ideale
Fähigkeit, Freiheit und Unabhängigkeit zu leben	Drachenfliegen, Fliegen mit einem Paragleiter (= symbolisch Freiheit erleben)
Fähigkeit, Abwechslung und Spannung ins eigene Leben zu bringen	Kriminalromane
Fähigkeit, eigene Phantasien zu entwickeln	Kinofilme

Folgeerscheinungen des Ersatzlebens

1. <u>Verstärkung der Abwehrhaltung gegenüber der Ausbildung der Anlage</u>
   Der Ersatz suggeriert dem Unbewußten, daß man die Anlage bereits hätte. Aufgrund dessen glaubt man, gar nicht mehr nach der wirklichen Anlage suchen zu müssen, so wie jemandem, bei dem z.B. das Radio ununterbrochen läuft, gar nicht auffällt, daß er an einem Mangel an Kommunikation leidet.

2. <u>Kosten</u>
   Der Erwerb von Ersatz ist meist mit hohen Kosten verbunden. Ob es sich um Status- und Prestigegüter, um Lokalbesuche oder Fernreisen handelt, immer müssen finanzielle Mittel eingesetzt werden. Es ist paradox:
   Wer entfremdete Arbeit verrichtet, kann seine wahre Natur nicht leben, ist frustriert und will deshalb den Ersatz kaufen, und um sich diesen Ersatz leisten zu können, muß er wiederum arbeiten.

3. <u>Zeitverlust</u>
   Der Mensch wird zuerst versklavt durch die Wünsche, die er hegt und nach der Realisierung der Wünsche versklaven ihn die Dinge, die er sich gewünscht hat.
   Da man sich ständig um den Ersatz und dessen Erhalt kümmern muß, hat man wiederum keine Zeit für das wirkliche Leben.

4. <u>Sich-Verlieren auf einem Nebenfeld des Seins</u>
   Wie der Psychoanalytiker Alfred Adler feststellte, verlieren sich die meisten Menschen auf einem Nebenfeld des

Seins, um nur ja nicht auf dem Hauptfeld des Seins irgendwelche Maßnahmen oder Veränderungen ergreifen zu müssen.
Plötzlich ist alles Nebensächliche und Triviale wichtiger als das Leben mit all seinen Nuancen schlechthin. Man tut so, als ob Fernsehen, Radio, Filme, Romane, Computer, Mode, Alkohol und Lokalbesuche das Leben ausmachen würden.
Außerdem muß festgestellt werden: Wer nach dem Ersatz strebt, bleibt als Mensch erfolglos; denn es kommt nie etwas dabei heraus. Keine persönliche Weiterentwicklung, keine echte Lebensqualität, ja nicht einmal Geld bekommt man dafür.*

* Gute Umsätze verbuchen nur diejenigen, die Ersatz herstellen und vertreiben.

5. **Fehlgeleitetes Schicksal**
   Da man das Scheinleben für das echte, wahre Leben hält, erfährt man nun kein eigenes Schicksal mehr, d.h. keine positiven oder negativen Wirkungen auf eigene Ursachen, sondern nur noch Schicksal mit dem Ersatz. Es wird zu einem Drama, wenn die Luxuslimousine einen Kratzer abbekommt, der Fernseher kaputtgeht oder sich die Mode ändert (und kein Geld für eine gänzlich neue Garderobe vorhanden ist).

6. **Andere Gesprächsthemen**
   Wer sich in dieser Surrogatwelt heimisch fühlt, spricht nur noch über den Ersatz und langweilt damit andere Menschen, die die Original-Anlage zur Verfügung haben oder sich einen *anderen* Ersatz zugelegt haben.
   Derjenige, der stundenlang erzählt, wo er überall im Urlaub war, was er in welchem Lokal gegessen, welchen Film er gesehen, in welcher Zeit er mit dem Auto die Strecke von Hamburg nach Berlin zurückgelegt hat, glaubt daran, daß dies das Leben sei. Hier könnte man dem Betreffenden nur zurufen: Mensch werde wesentlich! Erzähle uns doch lieber einmal etwas von dir selbst, von deinem Wesen, von deinen wirklichen Wünschen und Träumen.

7. **Verstärkung der Problematik**
   Als Beispiel mag der Fall von Sandra T. gelten, die sich ständig mit Partnerproblemen herumschlug und sich deshalb (unbewußt) einen Hund zugelegt hatte. Der Hund als Partnerersatz verschlimmerte jedoch ihre Situation zunehmend. Sie fand dadurch noch weniger einen passenden Partner, weil dadurch die Auswahl geringer wurde – es kamen ja jetzt nur noch Partner in Frage, die auch Hunde mögen. Hinzu kam, daß das Haustier den Schmerz betäubte, den sie zuerst hätte empfinden müssen, um die Motivation zu bekommen, etwas gegen ihre Problematik

zu unternehmen und eine artspezifische Partner- und Beziehungsfähigkeit zu erlernen. So bemerkte sie ihre Einsamkeit gar nicht, denn sie hatte ja ihren Hund. Eine Bewußtwerdung wurde dadurch abgewehrt. Zu guter Letzt brachte sie ihre »Erfahrungen« auf einen Punkt, indem sie zum Ausdruck brachte: »Hunde sind die besseren Menschen.«

8. <u>Krankheit</u>
   Ersatz macht vielfach krank. So kann zu hoher Alkoholkonsum Leberzirrhose verursachen, zuviel Fernsehen Herz- und Kreislaufprobleme oder zu naher Kontakt mit Haustieren Infektionskrankheiten verschiedenster Couleur (von Meningitis durch Zecken, die vom Hund auf den Menschen überwechseln können, bis hin zu Toxoplasmose).

Viele Menschen suchen nach Lebenspartnern und Freunden, die den gleichen Ersatz wie sie bevorzugen. Sie sind zunächst oft überglücklich, endlich Gleichgesinnte gefunden zu haben. Wenn etwa Fans von Autorennen oder Kartenspieler unter sich sind, herrscht oft eine tolle Stimmung. Doch wenn zwei solche Gleichgesinnte zusammenkommen ist die Grundlage ihrer Beziehung nur der Ersatz. Sie sind überzeugt, gut zusammenzupassen, erliegen dabei aber einer Täuschung.

Denn für eine tragfähige Beziehung genügt es nicht, denselben Ersatz wie der Partner – etwa weil dieser auch Cabriolets mag – zu haben, sondern entscheidend ist, ob die wirkliche Natur der beiden Menschen zusammenpaßt. Die Bekanntschafts- und Heiratsinserate, bei denen Partner gesucht werden, die denselben Landstrich, dieselbe Musik, dieselbe Kunstrichtung, dieselben Hobbies oder denselben Lebensstil wie der Inserent haben, zielen daher meist an der Wirklichkeit des Lebens vorbei.

Da der jeweilige Partner hinter der Fassade ein ganz anderer Mensch ist, gibt es dabei oft ein böses Erwachen. Ganz abgesehen davon, daß man durch einen Partner, der auch dem Ersatz frönt, noch weiter davon abgehalten wird, die zugrundeliegende Anlage auszubilden.

Im Grunde gibt es in den Beziehungen fünf verschiedene Varianten.

1. Die Partner lieben denselben Ersatz und fühlen sich, zumindest zu Beginn ihrer Beziehung, »gut« dabei. Der einzige Nachteil besteht darin, daß dadurch der Weg zu ihrer ersten Natur versperrt ist.

2. Die Partner mögen zwar denselben Ersatz, bevorzugen aber innerhalb dessen eine andere Richtung, etwa wenn beide fernsehsüchtig sind, der eine sich aber lieber Seifenopern und Quizsendungen anschaut, während sich der andere nur für Sport und Krimis begeistern kann.

3. Jeder der beiden Partner tendiert zu einem anderen Ersatz, etwa, wenn sie ständig ausgehen will, er aber lieber mit seinem Motorrad durch die Gegend »brettert«.

4. Ein Partner lebt mehr die erste Natur, d.h. er will nachdenken, sucht nach schönen befruchtenden Gesprächen, will die Zeit zum Kuscheln und zum Sex verwenden, während der andere nach dem Ersatz strebt, etwa tagsüber in teuren Boutiquen zum Shopping gehen und abends am Tresen stehen möchte.

5. Beide Partner haben einen Zugang zu ihrer wahren Natur und können sich darin gegenseitig stärken und erfreuen.

Abschließend muß jedoch festgestellt werden, daß es trotz allem manchmal immer noch besser ist, einen Ersatz zu haben als gar nichts, also weder eine ausgebildete Anlage noch einen Ersatz.

Nicht schlecht ist auch, prickelnden Champagner plus prickelnder Erotik zu haben oder in die Innenwelt und in die Außenwelt zu reisen. Doch in solchen Fällen kann man dann ja nicht mehr von Ersatz sprechen!

II. Verwirklichung der eigenen Identität durch Erfolgskybernetik

Wer auf das Glücklichsein verzichtet,
erfüllt sein Dasein nicht.
(Ludwig Marcuse)

Lebenserfolg als Ziel

Erfolg zu haben gilt in unserer Kultur als einer der höchsten Werte. Geld, ein schönes Auto, ein attraktiver Partner, ein luxuriöses Haus, eine steile Karriere und ähnliches symbolisieren diesen Erfolg. Bei dieser Art von Erfolg geht es also in erster Linie darum, die eigenen Defizite an Eigenwert durch materielle Güter sowie durch Status und Prestige zu kompensieren.

Wer auf diese Weise Erfolg haben will, investiert alle Kraft und Energie, um seine Mangelsituation, die durch eine falsche Erziehung und durch ein inhumanes Schulsystem entstanden ist, auszugleichen. Und im Streben nach Geld, Besitz, Macht und Ruhm verbraucht er sein Leben.

In unserer Kollektivneurose kann der Preis für einen solchen Erfolg hoch sein: Krankheit und früher Tod.

Die amerikanische Schriftstellerin Trina Paulus* erzählt in ihrem Buch »Hoffnung für die Blumen« eine Geschichte, die in diesem Zusammenhang bemerkenswert ist:

Stripe, eine männliche Raupe, findet sein Dasein langweilig und sinnlos und macht sich auf den Weg, das Geheimnis des Lebens zu erkunden. Er trifft andere Raupen, die anscheinend auch nicht mehr über den Sinn des Lebens wissen als er, die aber immerhin alle in eine bestimmte Richtung kriechen. So schließt er sich ihnen erst einmal an.

Bald treffen sie auf eine riesige Säule von wimmelnden,

* Trina Paulus: Hoffnung für die Blumen, Ansata-Verlag

krabbelnden Raupen, die anscheinend unendlich hoch bis in den Himmel hinaufragt. Die Raupen versuchen verzweifelt, übereinanderzusteigen, um die Spitze der Säule zu erreichen, und Stripe merkt, wie ihn eine kribbelnde Erregung erfaßt. Vielleicht wird er ganz oben auf der Säule das finden, wonach er sucht.

»Was ist denn dort oben?« fragt Stripe, als eine andere Raupe vorbeikriecht. Offensichtlich weiß es der andere auch nicht so genau: »Es muß etwas ganz Tolles sein, da jeder dort hinauf will.«

Stripe beobachtet, wie immer mehr seiner Artgenossen an ihm vorbeikriechen und in der Raupensäule verschwinden. Und schließlich faßt er einen Entschluß. Er stürzt sich in die Masse von wimmelnden Raupenkörpern und beginnt ebenfalls, sich seinen Weg in die Säule hinein zu erkämpfen. Er trampelt auf anderen herum, und auch andere treten ihn, während er den Weg an die Spitze antritt.

Eines Tages freundet Stripe sich mit einer weiblichen Raupe, Yellow, an. Beide fühlen sich im Kampf auf dem Weg nach oben ein wenig müde und desillusioniert. Sie verlieben sich ineinander und beschließen, sich dem Raupenrennen zu entziehen. Irgendwie gelangen sie schließlich nach unten auf den Boden der Säule und entfernen sich von dem allgemeinen Gewimmel, um in Glück und Eintracht zusammenzuleben – aber nur für kurze Zeit. Schon bald beginnt Stripe wieder, sich zu langweilen, und er stürzt sich erneut in den Raupenkampf. Vergeblich versucht Yellow, ihn davon abzubringen. Sie trennen sich, und Stripe kehrt zurück zu der wimmelnden, krabbelnden Raupensäule, um noch einmal beim Rennen um die Spitze sein Glück zu versuchen.

Yellow geht indessen ihren Weg weiter und entdeckt, wie man als Raupe zu einem Schmetterling wird. Während sie sich in ihren Kokon einspinnt, erkämpft sich Stripe noch einmal den Weg an die Spitze der Raupensäule. Mit Energie und Skrupellosigkeit trampelt er auf den anderen herum, um den

Gipfel zu erreichen. Als er sich dem höchsten Punkt dieser wimmelnden Säule nähert, entdeckt er, daß er nicht ganz bis oben hinauf kommen kann, wenn er nicht die vor ihm liegenden Raupen beiseite stößt. Er hört schon die Schreie der fallenden Raupen, die von ihren Kameraden in den Abgrund befördert worden sind. Als er jedoch nur noch ein paar Zentimeter von der Spitze entfernt ist, hört er jemanden flüstern: »Dort oben ist ja gar nichts.«

Stripe hält inne und sieht sich um. Er befindet sich am Rande der Säule, und während er über die krabbelnde Menge hinabschaut, erkennt er, daß um ihn herum die ganze Welt aus nichts anderem als aus riesigen Säulen besteht, ganz ähnlich seiner eigenen, jede zusammengesetzt aus zahllosen Raupen, die versuchen, nach oben zu kommen.

Stripe fällt jedoch nichts Besseres ein, als weiterzumachen. Plötzlich bemerkt er eine allgemeine Unruhe. Er blickt nach oben und sieht einen wunderschönen gelben Schmetterling, der mit leichtem Schlagen seiner schönen Flügel die Säule umschwebt. Der Schmetterling kommt näher und blickt offen in Stripes Augen. »Irgendwie«, denkt Stripe, sind mir jene Augen sehr »vertraut«. Plötzlich kommt in ihm eine Erinnerung hoch: »Könnte das vielleicht Yellow sein? Hat sie den Sinn und das Geheimnis des Lebens entdeckt?« Es gibt nur einen Weg, um das herauszufinden.

Stripe dreht sich um und beginnt seinen Rückzug. Während er sich nach unten drängt, erzählt er den anderen, wie sinnlos ihr Kampf ist. Er versucht, ihnen zu sagen, daß dort oben wirklich gar nichts ist – aber sie können nicht zuhören: Sie sind zu sehr mit sich selbst und mit ihrem Wühlen und Drängen beschäftigt. Natürlich nehmen sie an, er sei nur neidisch, weil er es selbst nicht bis ganz oben geschafft hat. Insgeheim sind sie sich zwar ein wenig unsicher, aber sie wissen nicht, was sie sonst tun sollten. Selbst wenn dort oben nichts wäre, so möchten sie es eigentlich gar nicht wissen. Sie müssen immer weitersteigen, denn sie haben keine Alternative in ihrem Leben.

Einer der Krabbler bemerkt, Stripe sei eben ein Dummkopf, wenn er meint, er könne etwas anderes als eine Raupe sein. Er ist und bleibt eben ein Wurm – und er solle versuchen, dieses Leben als Wurm einfach zu genießen.

Stripe wird unsicher. Immerhin gibt es keine Beweise, daß er tatsächlich zu einem Schmetterling werden kann. Aber er beschließt, sich darum zu bemühen, seinen eigenen Weg zu finden. Schließlich kommt Stripe wieder auf dem Boden an. Er kriecht davon, um Yellow wiederzufinden, und schafft es schließlich wie sie, seinen Kokon zu spinnen und ein schöner Schmetterling zu werden.

Diese Parabel macht deutlich, daß es einem wenig nützt, beruflich erfolgreich zu sein, sich an der Spitze zu befinden, wenn man als Mensch dabei auf der Strecke bleibt. Es geht darum, sich weiterzuentwickeln, zu reifen, sich zu vervollkommnen, um dadurch eine hohe Lebensqualität und mehr Lebensfreude zu erlangen, nicht aber darum, die Nummer Eins zu werden und endlos Geld zu scheffeln.

Denn im ehrgeizigen Streben nach oben zu gelangen, der Beste, der Sieger zu sein, ist qualitatives Leben kaum möglich und man merkt, daß ganz oben die Luft sehr dünn ist, daß man immer einsamer wird und nur noch von Konkurrenten, Neidern, Speichelleckern und Vasallen umgeben ist.

Viele, die es geschafft haben, an die Spitze zu kommen, stellen fest, daß es ihnen eigentlich wenig gebracht hat! Sie sind dadurch nicht glücklicher geworden! All ihre wirklichen Wünsche und Träume sind trotz allem nicht in Erfüllung gegangen!

Die Erfolgskybernetik sagt: Es gibt zwei Arten von Erfolg. Bei der oben beschriebenen kompensatorischen Art ist es für den einzelnen meist nicht relevant, womit und auf welche Art und Weise er den Erfolg erreicht. So macht es etwa für manchen Manager – vorausgesetzt, die Kasse und die Rahmenbedingungen stimmen – kaum einen Unterschied, ob er den Umsatz eines Rüstungsbetriebes, eines Tabakkonzerns oder einer Automobilfirma steigert. Er wird von einer *extrinsischen* Motivation geleitet, also von äußeren Zwängen und Motiven, die mit der Sache oder dem Fachgebiet weniger zu tun haben. Hingegen spricht man von einer *intrinsischen* Motivation, wenn die Beweggründe aus der Person selbst hervorgehen und ein echtes Interesse an der Sache oder der wissenschaftlichen Disziplin besteht. Bei dieser realen Form von Erfolg geht es also nicht um den Ausgleich von Kindheitsschäden, sondern um die optimale Entfaltung all der Talente und Fähigkeiten, die in dem betreffenden Menschen angelegt sind. Und es geht um das Stillen der realen Bedürfnisse, die sich von den neurotischen Bedürfnissen nach Macht und Anerkennung (die nur Trostpflaster für seelische Wunden sind) gänzlich unterscheiden. Erfolg in diesem Sinne bedeutet, das zu finden, was man *wirklich* braucht und was mehr wert sein kann als alles Geld und Gold dieser Welt:

die Liebe eines anderen Menschen
Kinder
eine Aufgabe, mit der man sich identifizieren kann
Gesundheit
körperliche Fitneß
die Verwirklichung der eigenen Sexualphantasien
einen Ort zu haben, wo man sich geborgen fühlt
einen Beruf, der einem Erfüllung verleiht
einen Sinn in seinem Leben gefunden zu haben
einen eigenen geistigen Besitz (Wissen) angesammelt zu haben
angenommen und akzeptiert zu werden
Freunde zu haben, die zu einem halten
Zeit zu haben
unabhängig zu sein
eine eigene kreative Leistung vollbracht zu haben
. . .

Natürlich sind ein gutes Einkommen und materielle Sicherheit auch wichtig. Sie stellen aber mehr eine angenehme Zugabe dar, als daß sie allein das große Glück bedeuten könnten.

Maßstab für den individuellen Erfolg ist u.a. auch die Verwirklichung der eigenen Wünsche und Lebensziele:

- sich beruflich verwirklichen
- Projekte verwirklichen,
- Vorstellungen verwirklichen,
- seinen eigenen Geschmack verwirklichen,
- Wünsche verwirklichen,
- Utopien verwirklichen,
- Träume verwirklichen.

Verwirklichung ist für die Seele so wichtig wie das Sonnenlicht für unseren Körper!

Diese Art von Erfolg basiert auch nicht mehr auf dem Mißerfolg der anderen, hat nichts mehr zu tun mit dem Ausschalten von Konkurrenten, ist also nicht mehr gekoppelt an eine Ellenbogenmentalität, sondern ist trotz oder gerade wegen der Entfaltung des eigenen Selbst auf das Gemeinwohl ausgerichtet. Wenn es einem Teil besser geht, verbessert sich proportional dazu die Stimmungslage der Menschheit schlechthin!

Ein solcher Erfolg ist gleichbedeutend mit *Lebenserfolg*, daß heißt, das eigene Leben, die eigene Lebendigkeit werden erfolgreich, die eigenen Anlagen und Energien bewirken etwas, rufen Resonanz hervor, bringen etwas in Bewegung.

Kurzum: Es gilt, sich selbst zu investieren, um seinen persönlichen Lebenserfolg zu erreichen. Das Gesetz der Wiederkehr des Verdrängten lehrt: Wer seine Talente brachliegen läßt oder gar vergräbt, begegnet diesen Energien als ungünstigem Schicksal, er erfährt seine eigenen nicht eingesetzten Energien in destruktiver und leidvoller Form. Überspitzt formuliert könnte man sagen, daß der einzelne zum Erfolg »verdammt« ist. Entweder er lebt sich und seine Anlagen aus und ist glücklich und erfolgreich, oder er verweigert seine Lebensaufgaben und wird dabei vom Schicksal immer wieder hart geprüft.

Da Erfolg im realen Sinne bedeutet, das vernetzte System der eigenen lebendigen Anlagen zu erkennen und auszuleben, also über ein intaktes psychisches Ökosystem zu verfügen, ist es gar nicht mehr so verwunderlich, wenn ein solcher Mensch imstande ist, den Traum, reich, gesund und zufrieden zu sein, zu verwirklichen. Bis es jedoch dazu kommt, müssen vorher einige Hindernisse überwunden und verschiedene Voraussetzungen erfüllt werden:

Einen gesunden Eigenwert entwickeln

Die meisten Menschen leiten ihren Eigenwert von den Wertmaßstäben der Kollektivneurose sowie ihres Milieus und ihrer Herkunftsfamilie ab. Dabei unterliegen sie zusätzlich den Wandlungen der Maßstäbe gemäß den sich wandelnden Zeitepochen und den Veränderungen des Zeitgeistes. Wer seinen Eigenwert von diesen Einflüssen abhängig macht, hat noch nicht wirklich eigene Wertmaßstäbe entwickelt, sondern bewertet sich und andere nach einem Muster, das ihm anerzogen wurde und das er somit *erlernt* hat.

So bewerten viele Ober, insbesondere in vornehmen Restaurants, ihre Gäste primär danach, was jene bestellen. Wer einen Aperitif zu sich nimmt, gilt etwas, je teurer die bestellte Speise ist, desto höher steigt der Gast im Wert, desto freundlicher gestaltet sich die Miene des Obers, desto vornehmer werden seine Sprache und sein Verhalten. Er signalisiert Akzeptanz, Achtung, Anerkennung und läßt den Gast durch sein serviles Verhalten wissen: »Du bist etwas wert!«

Verläßt man das Restaurant und geht in der Stadt einkaufen, sieht man sich in den Bekleidungshäusern und Modeboutiquen mit wieder anderen Wertmaßstäben konfrontiert. Wer den Laden betritt, wird von den Verkäufern und Verkäuferinnen mit einem schnellen Blick von oben bis unten gemustert und vor allem nach der Kleidung bewertet. Ist der Betreffende gemäß der Haute Couture modisch gekleidet, wird er sofort zuvorkommend bedient, trägt er jedoch billige Kaufhausware oder gar einen bestimmten Modestil, der »out« ist, entsteht beim Verkaufspersonal sofort eine Entwertungstendenz.

Wo auch immer wir hinkommen, ob zum Teppichhändler, zum Möbelhändler, zum Juwelier, zum Immobilienmakler, zum Autoverkäufer, zum Friseur, zum Reisebüro . . ., überall werden wir nach den jeweils dort gültigen Bewertungsmaßstäben beurteilt. Wer sich gute und teure Stücke leisten oder ganz einfach nur viel Geld investieren kann, gilt als wertvoller als andere Menschen. Jedenfalls spielt man ihm eine Rolle vor, durch die ihm die Ehrerbietung als anständiger, rechtschaffener Mensch zuteil und ein guter Geschmack und »Niveau« attestiert werden.

Diese Rolle wird leider nicht nur im Geschäftsleben, sondern auch häufig in der privaten Sphäre zelebriert. Wir schätzen unsere Mitmenschen – und sei es nur unbewußt – zunächst nach deren materiellen Symbolen wie Kleidung, Wohnung, Auto oder Beruf ein. Nach dem Gesetz von Inhalt und Form haben wir auch gar keine andere Möglichkeit, als den anderen an dessen materialisierten Projektionen zu erkennen. Die Schwierigkeit liegt jedoch darin, daß diese äußeren Symbole beziehungsweise Materialisationen meist nicht das wirkliche Wesen des Betreffenden widerspiegeln, sondern seine zweite Natur, die seine erste Natur überlagert. Umgekehrt bewerten wir den Mitmenschen häufig nur mit unserer zweiten Natur.

Die erste Natur des Menschen kennt keine Hierarchie, kennt keine Über- und Unterordnung des Menschen im Wert, kennt überhaupt keine Bewertung, sondern will den anderen nur erkennen, erfahren, ob er anders oder ob er einem ähnlich ist, ob er zu einem paßt oder nicht.

Dieses Erkennen der Eigenart und des So-Seins des anderen unterscheidet sich grundlegend von dem aus der hierarchischen Gesellschaftsstruktur resultierenden Drang, den anderen einordnen und einschätzen, ihn kategorisieren und bewerten zu müssen. Soziologisch gesehen hat jede Bevölkerungsschicht, jedes Milieu die ihr gemäßen Statussymbole, den ihr gemäßen Lebensstil, die ihr gemäßen Sportarten und Hobbies, ihre spezifischen Aufenthaltsorte, ihre spezifischen Lokale und Kneipen, die ihr gemäßen Empfindungs-, Denk-, Verhaltens- und Bewertungsmuster. Im Grunde besitzen wir Europäer ein ähnliches Kastensystem wie die Inder, nur daß es bei uns nicht so offen wie dort zum Ausdruck kommt. Doch bereits aufgrund der Einhaltung oder Verletzung von bestimmten Spielregeln, die in dem jeweiligen Milieu gelten, kann der einzelne zur Unter-, Mittel- oder Oberschicht gehörig eingestuft werden.

Deshalb kann auch nur derjenige einen Milieusprung schaffen, der die Spielregeln des neuen Milieus beherrscht und sein Verhalten darauf abstimmt. Das ist auch der Grund, warum zum Beispiel die Oberschicht über manchen Neureichen die Nase rümpft und ihn nicht in ihren erlauchten Kreis aufzunehmen gewillt ist: Auch wenn er die Norm im materiellen Bereich aufgrund von Statussymbolen und dem Kapitalnachweis erfüllt, kann er oft nicht den Bewertungskriterien von Bildung und Herkunft entsprechen.

Der reale Eigenwert als Mensch liegt jedoch jenseits von all diesen Bewertungsmaßstäben und -kriterien. Er richtet sich nach dem wahren Kapital des Menschen: nach dem Potential an Anlagen und Fähigkeiten, die in ihm schlummern. Jeder kann sich daher als Mensch wertvoll und gleichberechtigt fühlen. Es ist sehr viel besser (und auch weniger kostspielig), seinen Eigenwert auf den eigenen Fähigkeiten, wie zum Beispiel der Fähigkeit zu Zärtlichkeit und Liebe, den kreativen und schöpferischen Fähigkeiten, dem eigenen geistigen Besitz, der Freiheit und Unabhängigkeit oder der Phantasie zu begründen, als ihn von dinglichen Werten und von herkömmlichen Wertmaßstäben abzuleiten.

Leider ist letzteres der Normalfall. Die meisten Menschen weisen ein Defizit an Eigenwert auf. Die Bewertungsmaßstäbe der Kultur sind so umfangreich, komplex und differenziert, daß kaum jemand den Normen auf allen Lebensfeldern entsprechen kann.

Dieses Menschenbewertungssystem, das ein anerzogenes und erlerntes Wahnsystem ist, wäre nun nicht weiter tragisch, wenn damit nicht negative Kettenreaktionen auf allen Lebensgebieten verbunden wären. Die Bewertungsmaßstäbe stehen in jeder Begegnungssituation zwischen den Menschen, sie schaffen Distanz, schaffen eine eigenartige (neurotische) Atmosphäre der Unsicherheit, Steifheit und Hemmung. Die Norm, wer und was wertvoll ist, schafft Gefühle wie Frustration, Scham, Depression, Angst, Aggression, Wut, Ehrgeiz und Stolz. All diese Gefühle, die in den sich begegnenden Menschen entstehen, sind nur Reaktionen auf diese innere Norm, aber nicht auf die wirkliche Begegnung der beiden Seelen. Diese Gefühlsreaktionen haben also mit der Wirklichkeit überhaupt nichts zu tun, sie überlagern die eigenen echten Gefühle. Wirkliche Menschlichkeit bleibt damit auf der Strecke. Insofern verharrt jeder in seiner neurotischen Welt, hält sich in irrealen Bezügen auf, kann die Realität nicht wahrnehmen. Aneinander vorbeiredend ist man in einer völlig irrealen Gefühlswelt verstrickt, die nur Frustration, Leid und Krankheit auf der einen Seite und Triumph, Macht und Überlegenheit auf der anderen erzeugt.

Wer also Eigenwertprobleme hat, muß aufhören, sich mit den Wertmaßstäben des Milieus und der Zeitepoche zu identifizieren und sich selbst danach zu bewerten.

Dies ist allerdings leichter gesagt als getan, wenn das gesamte persönliche Umfeld den Betreffenden ausschließlich nach diesen Wertmaßstäben einordnet und einschätzt, dieses Wertesystem also an allen Ecken und Enden bestätigt wird. Dies erzeugt und zementiert eine Verdrehung der Wirklichkeit. Fast ist man versucht zu glauben, die Neurose wäre die Realität und die Realität die Neurose. Doch man darf sich nicht beirren lassen. Wenn der einzelne sieht, daß andere ihn nur nach seinem Bankkonto, nach seinen Statussymbolen, nach seiner Bildung oder nach seiner Herkunft einschätzen und er zu leiden beginnt, weil er diesen Wertmaßstäben nicht oder nur teilweise entsprechen kann, dann ist es wichtig, daß er vor dem geistigen Auge einblendet, wie die seelisch-geistige Situation des anderen ist, was in dessen Seele abläuft. Indem er sich klarmacht, daß der andere nach einem hierarchischen System wertet, nach einem fremden, anerzogenen Programm, fühlt er sich von der Entwertung des anderen nicht mehr betroffen. Er weiß, daß nicht der andere in seinem wahren Wesen als Mensch ihn geringschätzt, sondern nur dessen anerzogenes und erlerntes Bewertungssystem, das als Fremdkörper in seiner Seele wohnt.

Fragen, die Sie sich zum Thema »Eigenwert« stellen können

1. Ich fühle mich in meinem Eigenwert gehemmt aufgrund von:
   - Schulbildung (z.B. kein Hochschulabschluß)
   - Beruf (z.B. subalterne Stellung)
   - Finanzen (z.B. Schulden)
   - Auto (z.B. alt und verrostet)
   - Aussehen (z.B. Figurprobleme)
   - Kleidung (z.B. unmodisch)
   - Herkunft (z.B. sozial schwaches Milieu)
   - Partner (z.B. alkoholkrank)
   - Sprache (z.B. Mundart)
   - Sexualität (z.B. Impotenz)
   - Sonstiges

2. Welches Ideal entsteht bei mir aufgrund dieses Defizits an Eigenwert (z.B. Bildungsideal)?

3. Welche Gefühle sind mit dem mangelnden Eigenwert verbunden? (z.B. Frustration, Neid, Traurigkeit) Wieviel Lebenszeit verbringe ich mit diesen Gefühlen am Tag, in der Woche, im Monat, im Jahr?

4. Welche Krankheiten sind aufgrund der negativen Gefühlslage beziehungsweise passend zu dem jeweiligen Gefühl entstanden?

5. Welche Situationen und Schicksalsereignisse haben diese Gefühle bisher bewirkt? (z.B. falsche Partneranziehung, Partnerverlust, Fluchtreaktionen von Freunden, Einsamkeit, Streit . . .)

Das Gesetz der Bestätigung bei Erfolg und Mißerfolg

Jeder Mensch möchte gerne das Gefühl haben, daß sein Lebensweg richtig ist, daß das, was er fühlt und denkt, in Ordnung ist, daß es o.k. ist, wie er sich verhält und wie er handelt. Jeder sucht daher unbewußt nach einer Bestätigung.

Das Gesetz der Bestätigung besagt, daß jeder Glaube, jede Geisteshaltung, jede Einstellung, jede Meinung, jedes Vorurteil, jede Motivation, jedes Gefühl, jeder Maßstab, jede Norm, jedes Ideal, jede Hypothese oder wissenschaftliche Theorie sich immer wieder selbst bestätigen.

Thure von Uexküll meint hierzu: Die menschliche Phantasie ist sehr erfinderisch in der Konstruktion von Hypothesen und Theorien und der Erfinder einer Hypothese hängt gewöhnlich mit großer Liebe an seinem Erzeugnis. Er ist daher nur zu leicht geneigt, aus allem eine Bestätigung seiner Auffassung herauszulesen und das, was nicht in seine Theorie hineinpaßt, zu übersehen. Aber nur Vorstellungen, die sich unabhängig vom Wunsch nach Bestätigung in der rauhen Wirklichkeit der Tatsachen bewähren, haben ein Recht auf Anerkennung. Alle anderen führen auf Irrwege. Balint bemerkt zu diesem Thema, daß der gesunde Menschenverstand vor allem unsere uns selbst unbewußten Vorurteile enthält. Diese Vorurteile übertragen wir auf die Wirklichkeit, ohne zu merken, wie sehr sie uns den Blick für die wirklichen Zusammenhänge trüben.

Dieses Gesetz der Bestätigung kommt auch bei Erfolg und Mißerfolg zum Tragen.

Wenn wir Erfolg oder Mißerfolg haben, ist es u.a. auch entscheidend, wie wir dies vor uns selbst erklären: Habe ich mich (nicht) genug angestrengt? Habe ich einfach eine zu leichte (schwere) Aufgabe bekommen? Fehlt es mir an ausreichenden Informationen? Habe ich die entsprechenden Anlagen und Fähigkeiten entwickelt? Oder waren es unbeeinflußbare äußere Umstände, oder war es vielleicht sogar höhere Gewalt? Waren es Glück oder Pech, Müdigkeit oder Übereifer oder haben mir andere Steine in den Weg gelegt?

Wer eher von Erfolgshoffnung erfüllt ist, tendiert dazu, seine Erfolge eher mit seiner Begabung zu erklären und weniger mit Glück oder der Leichtigkeit seiner Aufgabe; seine Mißerfolge schreibt er entsprechend eher einem augenblicklichen Mangel an Ehrgeiz oder an Anstrengung zu, weniger aber einem Mangel an Tüchtigkeit oder Pech.

Anders ist es bei demjenigen, der eher mit Mißerfolg zu rechnen gelernt hat. Er schreibt einen Erfolg, den er verzeichnen konnte, eher dem »Glück« als seiner eigenen Leistung zu, und hält sich nach einem Mißerfolg eher für unfähig anstatt vielleicht zu erkennen, daß er einfach nur Pech gehabt oder zu früh aufgegeben hat. Daher kann er sich über einen Erfolg kaum freuen und nach einem Mißerfolg ist er sehr unglücklich. Personen, die vor Mißerfolg Angst haben, werden also durch jedes Ereignis, ob Erfolg oder Mißerfolg, in ihrem ungünstigen Motiv *bestätigt.*

Wie sehr jedoch auch Menschen, die mit Erfolgshoffnung beseelt sind, auf die Nase fallen können, zeigt der Fall einer Firma, die alljährlich auf einer Fachmesse vertreten ist. Die Firma hatte nach eher mäßigen Erfolgen im Vorjahr ihre Sekretärin, Constanze L., damit beauftragt, den Messestand zu gestalten.

Constanze L. legte daraufhin ihr ganzes Herz in diese Aufgabe und arbeitete mit ungeheurer Akribie daran, daß der Messestand sich freundlich, hell, einladend, ästhetisch schön, aber auch mit Pep und Pfiff präsentierte. Hinzu kam, daß die Firma auf der Messe einen Standplatz mietete, der genau am

Ende einer Besucher-Durchgangsstraße lag. Der Erfolg war phänomenal. Traubenartig standen die Menschen an dem Stand und die fünf Angestellten, die die Firma vertraten, konnten sich vor Aufträgen kaum noch retten. Sie waren rund um die Uhr beschäftigt und gönnten sich keine Ruhepause. Durch den grandiosen finanziellen Erfolg beflügelt mietete man nun im nächsten Jahr eine dreimal so große Ausstellungsfläche an einer anderen Stelle, beauftragte einen Star-Designer für die Gestaltung des Standes und stellte zwölf Mitarbeiter, die vorher noch ein Verkaufstraining absolviert hatten, für die Messe ab.

Doch in diesem Jahr blieb der erwartete Ansturm der Kunden aus. Der Besucherstrom zog an dem Messestand vorbei – kaum einer wagte den edel gestylten Stand zu betreten oder gar das noble, vornehme Personal anzusprechen. Im Gegensatz zum Vorjahr herrschte nun eine fast gespenstische Stimmung an dem Stand – edles Getue paarte sich mit Frust und gähnender Leere in Bezug auf Interessenten und Kundschaft.

Nach Abschluß der Messeveranstaltung schob die Firma ihren Mißerfolg auf eine tendenziöse Rezession in der Gesamtwirtschaft, die zu einer gewissen Zurückhaltung im Kaufverhalten geführt hätte.

Da andere Firmen jedoch gute Umsätze zu verzeichnen hatten, war offensichtlich, daß man hier zu einer Schuldprojektion auf die Kollektivsituation griff, um vom eigenen Unvermögen abzulenken.

Wer dauerhaft erfolgreich sein will, muß wissen, *warum* er erfolgreich ist.

Er muß den Erfolg genauso analysieren wie den Mißerfolg.

Erst, wenn man weiß, warum man in einer bestimmten Situation oder auf einem Gebiet erfolgreich ist, kann man den Erfolg wiederholen. Erst dann wird der einzelne immer wieder aufs neue bestätigt und in seinem Erfolgsverhalten verstärkt.

Warum ererbter Reichtum gerecht ist

Als Martin P. (39) von seinem Großvater, der Unternehmer war, 27 Millionen DM geerbt hatte, begann er ein Leben in Saus und Braus. Er kaufte teure Sportwagen, zog in eine Luxusvilla, gab große Parties , reiste um die Welt und war stets mit zwei oder drei sündhaft schönen Frauen gleichzeitig liiert. Seine Freunde beneideten ihn und haderten mit ihrem Schicksal. Sie fragten sich: Warum ist immer bloß dem Martin das Glück so hold? Warum haben wir nicht auch solch ein Glück? Warum ist das Schicksal so ungerecht?

Nach erfolgskybernetischen Gesichtspunkten sieht die Situation jedoch ganz anders aus: Martins Großvater verfügte über ein gutes Durchsetzungsvermögen und entfaltete systematisch seine unternehmerischen Anlagen, die ihm sehr viel Erfolg einbrachten.

Wenn also zumindestens ein Vorfahre eine seiner Anlagen ausgebildet und eingesetzt hat, profitieren seine Nachfahren oft bis in die fünfte oder sechste Generation hinein davon.

Selbst wenn die Nachkommen diese spezifische Anlage nicht zur Verfügung haben und auch sonst kaum über eigene Anlagen und Fähigkeiten verfügen, vielleicht sogar ziemliche Versager sind, geht es ihnen zumeist wirtschaftlich besser als anderen, in deren Familie es niemanden gab, der eine Anlage besonders effizient einzusetzen wußte.

Aber: Mag auch die eigene Ausgangsposition scheinbar ungünstig sein, jeder hat hier und heute die Möglichkeit, *selbst* eine Anlage auszubilden und damit sich selbst, die Umwelt und die Nachwelt zu erfreuen.

Prominente brauchen nichts zu bezahlen

Überall bestätigt sich der Grundsatz: Wer hat, dem wird gegeben.

In der Seminarbranche wird dies besonders deutlich: Gibt es nur wenig Teilnehmer, muß der Veranstalter den Seminarraum bezahlen, sind viele da, verlangt der Hotelier keine Miete, weil er durch die Vielzahl der Teilnehmer seine Kosten mit Übernachtungen, Speisen und Getränken decken kann.

Hinzu kommt, daß bei geringen Teilnehmerzahlen höhere Werbungskosten entstehen, während »wenn der Laden läuft«, hierfür kaum Mittel eingesetzt werden müssen. Schließlich wollen auch noch Presse, Rundfunk und Fernsehen darüber berichten – was wiederum eine ungemein viel höhere Werbewirkung hat als teure Inserate, Werbung auf Plakatsäulen oder an städtischen Bussen.

Kurzum: Hat etwas Erfolg, entstehen weniger Kosten, (obwohl man solche Geldbeträge nun leicht begleichen könnte), wenn etwas schlecht geht, entstehen Kosten ohne Ende, die oft genug die Einnahmen sogar übersteigen.

Ähnlich verhält sich die Situation mit den »very important persons«.

Prominente brauchen, wohin sie auch immer kommen, fast nie etwas zu bezahlen. Kommt etwa ein bekannter Sportler oder Filmschauspieler in ein Restaurant, speisen er und seine Partnerin auf Kosten des Hauses. Sofort erscheint der Geschäftsführer und macht klar: Es ist eine Ehre für ihn und seine Mitarbeiter, einen so hohen Gast bedienen zu dürfen. Selbstverständlich ist der prominente Gast eingeladen und braucht nichts zu bezahlen; denn der Umstand, daß dieser Prominente hier speist, ist die beste Werbung für das betreffende Unternehmen.

Prominente brauchen beim Konditor häufig keinen Kuchen zu bezahlen, beim Optiker keine Brille, beim Zahnarzt keine Brücke, beim Autohändler kein Auto – wo auch immer sie auftauchen, gibt es fast alles umsonst.

Jeder will sie einladen, jeder will sie beschenken und alles in seinen Mächten Stehende tun, um sie zufriedenzustellen. Selbst arme Menschen kaufen Blumen, um sie dem Star zu schenken. Der Prominente bekommt alles im Überfluß. Er weiß gar nicht mehr, wohin mit den vielen Ehrerweisungen, Einladungen, Blumen und Geschenken.

Ist das nicht paradox?

Der Prominente, der sich ohnehin alles leisten könnte, bekommt all die Dinge umsonst oder zumindest günstiger als üblich und der arme, unbedeutende Normalverbraucher muß für alles teuer bezahlen und hat kaum jemals in seinem Leben Lob und Anerkennung zu erwarten.

Doch auch hier wird klar: Dem Prominenten wird »gegeben«, weil er eine oder mehrere Anlagen effektvoll ausgebildet hat. Der Prominente ragt auf einem Gebiet gegenüber anderen heraus. Er kann besser Fußball oder Tennis spielen, ist ein besserer Schauspieler oder kann besser singen oder tanzen als andere.

Die Notwendigkeit eines eigenen Konzepts

Oberstes Gebot in der Erfolgskybernetik ist, nicht blindlings auf den Rat von sogenannten Fachleuten zu hören, sondern im Gegenteil selbst (die richtigen) Informationen einzuholen, um sich ein eigenes Konzept machen zu können.

Wer kein eigenes Konzept hat, läuft Gefahr, in die Opferrolle gedrängt zu werden.

Wer ein Haus bauen will und ohne ein auf die eigenen Bedürfnisse zugeschnittenes Konzept einen Architekten aufsucht, braucht sich nicht zu wundern, wenn sich schließlich in dem Haus primär nur der Architekt verwirklicht.

Oder: Wer sein Geld anlegen will und sich mit Wirtschaft und Finanzen nicht beschäftigt hat, hat häufig eine Affinität zu Bankbeamten, die Geldanlagen empfehlen, die wenig gewinnträchtig sind oder sich gar als Windei entpuppen.

Apropos Bankbeamte! Es gibt – offensichtlich – nur wenige fähige Banker.

Denn wenn jemand schon berufsmäßig den Markt beobachten kann, ständig mit Zinsen, Devisen- und Termingeschäften, mit Calls und Puts, Aktien und Immobilienfonds zu tun hat, sollte er dies auch privat anwenden können und spätestens nach zehn bis fünfzehn Jahren Millionär sein. Man sollte also nur solche Bankleute bei größeren Finanzgeschäften um Rat fragen, bei denen zu erwarten ist, daß sie aufgrund der Umsetzung ihres Wissens so viel verdienen, daß sie in Kürze zu arbeiten aufhören könnten.

Ähnlich gelagert ist die Situation bei Handwerkern. Es gibt nur wenige in der Branche, die ihre Arbeit sauber, ordentlich und zur Zufriedenheit ihrer Kunden ausführen. Und ist einer mal zuverlässig und kompetent, hat er die Tendenz, sich selbständig zu machen. Als Selbständiger aber führt er oft selbst keine handwerklichen Arbeiten mehr aus, da er alle Hände voll zu tun hat, Aufträge hereinzuholen und die Administration zu erledigen. Er stellt dann häufig wieder viele Nieten ein. Und sollte unter seinen Arbeitern wieder einer dabei sein, der fähig ist, ist die Wahrscheinlichkeit groß, daß dieser sich wiederum selbständig macht.

Es ist so gut wie immer ungünstig, als bloßer Laie einem Rechtsanwalt, Arzt, Zahnarzt, Handwerker, Architekten, Bankbeamten oder sonstigem »Profi« gegenüberzutreten. Es ist dem »Fachmann« nicht zu verdenken, daß er dann eben das Programm oder das Konzept durchführt, das für *ihn*, für seine Firma oder Institution am einfachsten und gewinnträchtigsten ist.

Meistens wird einfach ein konventionelles, pauschales Programm rituell abgespult. Dabei steckt meist gar keine böse Absicht dahinter – es ist einfach nur bequemer, so zu handeln, und oft ist auch gar nicht die nötige Zeit vorhanden, sich aufwendige Alternativen zu überlegen und vorzuschlagen.

Ein pauschales Programm ist aber meist ein Affront gegenüber der Individualität des einzelnen. Da es nicht dem Klienten, Patienten oder Kunden dient, kehrt es die wahren Verhältnisse um. Es **dient** nur dem Fachmann, und letzterer **verdient** auch noch daran. Real gesehen sollte es jedoch so sein, daß der Fachmann dem Klienten, Patienten oder Kunden **dient**, indem er hilft, dessen Vorstellung oder Konzept bestmöglichst umzusetzen, ihm dabei mit Rat und Tat zur Seite zu stehen. Erst dann **verdient** der Experte zu Recht sein Geld. Es gibt bei einem solchen Vertragsverhältnis nicht mehr nur einen Gewinner (den Experten) und einen Verlierer (den Laien), sondern zwei Gewinner und diese sogenannte »Win-Win-Strategie« ist auch die einzige Vorgehensweise, die auch langfristig gesehen erfolgreich ist.

Natürlich haben es manche Fachleute nicht so gerne, wenn

ein »Laie« mitreden möchte, sie sind dann oft sogar darüber ungehalten. Doch auch solche Experten werden sich umstellen müssen, denn sonst wird ihre Auftragslage zukünftig nicht so rosig aussehen.

»Wir brauchen den Mut,
das zu ändern, was wir ändern können.
Wir brauchen die Gelassenheit,
das hinzunehmen und zu ertragen,
was wir nicht ändern können.
Und wir brauchen die Weisheit,
das eine vom anderen unterscheiden zu können.«
(Christoph F. Oettinger)

Erfolg und das Gesetz von Inhalt und Form

Das Gesetz von Inhalt und Form besagt, daß eigene Inhalte immer auch in eine entsprechende Form gebracht werden müssen. So können Gefühle, Gedanken, Vorstellungen, geistige Einstellungen, Pläne, Programme, Ideologien und Weltanschauungen schließlich auch in der äußeren Welt zum Ausdruck kommen.

Dabei ist es wichtig, die Form zu finden, die dem Inhalt, also den eigenen Gefühlen und dem eigenen geistigen Gut gemäß ist.

Diesbezüglich gibt es fünf Konstellationen:

1. **Alter Inhalt – alte Form**
   Der Betreffende glaubt an die pauschalen Normen, Gebote und Verbote von Moral und Konvention und empfindet sie als vernünftig und normal.
   Dieses herkömmliche Gedankengut verlangt nach Formen, die einen konservativen oder konventionellen Charakter haben. Ein Mensch mit diesem Gedankengut fühlt sich wohl in den vorgegebenen Formen der Gesellschaft und eckt daher nirgends an. Er fühlt sich vielleicht geborgen im Heimat- oder Schützenverein, kleidet sich womöglich in Tracht, lacht und tanzt an Fasching und ist traurig am Aschermittwoch. Er hat keine Probleme beim Hausbau – er baut konventionell – eben so, wie man im allgemeinen baut. Auch bei der Inneneinrichtung des Hauses hat er wenig Schwierigkeiten, da er fast überall die Formen für seinen Geschmack (der aus dem eigenen Fühlen und Denken resultiert) vorfindet. Er braucht nicht lange zu suchen, denn sein Stil (z.B. Schleiflack-Schlafzimmer mit Wolkenstores) ist überall erhältlich. Da es an allen Ecken und Enden das gibt, was er sich vorstellt, wird er permanent in seinem So-Sein bestätigt und bestärkt. Er hat es daher verhältnismäßig leicht im Leben, muß kaum etwas in Frage stellen, wird geachtet und anerkannt. Da bei ihm Inhalt und Form im Einklang sind, ist er meist mit sich und

der Welt zufrieden.
Selbst Kuhglocken oder Kirchenglocken stören ihn nicht. Im Gegenteil! Das ständige Gebimmel und Geläute ist für ihn wie Musik in den Ohren.
Vielfach wird ein solcher Mensch beneidet, weil dieser sich nie aufregen oder auflehnen muß, da für ihn ja ohnehin alles bestens ist und wunderbar funktioniert.
Das einzige, was den Betreffenden etwas aus der Ruhe bringen könnte, sind gesellschaftliche Veränderungen (z.B. Umstellungen auf Computer, etc.) oder sonstiges »neumodisches Zeug« sowie Andersdenkende, »Motzer« und »Aufmüpfige«, denen nichts paßt.

2. **Alter Inhalt – neue Form**

In diesem Fall haben wir es mit einer Diskrepanz zwischen Inhalt und Form zu tun. Wir haben diese Situation schon kurz bei der Beschreibung des Selbstbildes kennengelernt und können hier den Faden wieder aufgreifen. Vielen Menschen ist einfach nicht bewußt, daß sie in einer Diskrepanz zwischen Inhalt und Form leben. Sie sind z.B. felsenfest davon überzeugt, daß sie die »offene Ehe« praktizieren, modern und progressiv eingestellt sind oder sich längst schon emanzipiert haben. Doch wenn man ihr Leben realistisch betrachtet, ist meist nicht mehr viel von dem vorhanden, was nach außen hin so stolz verkündet wird.
Nehmen wird z.B. den Fall von Ruth A.:
Ruth A. (29) geschieden, Mutter einer Tochter, Hausfrau, ist seit Jahren stark im Feminismus engagiert. Ihr Anliegen ist es, anderen Frauen zu helfen, damit diese aus ihrem Dornröschenschlaf erwachen, um sich aus der Abhängigkeit von ihren Männern zu befreien. Sie selbst lebt jedoch zur Gänze von den Überweisungen, die ihr geschiedener Mann für sie und ihre Tochter tätigen muß. Auch sonst besteht eine Riesenkluft zwischen Anspruch und Wirklichkeit. Sie wagt nicht, alleine in ein Restaurant zu gehen,

geschweige denn alleine zu verreisen.
Auf Schritt und Tritt muß immer ihre Freundin Beate dabei sein, oder sie läßt sich von einem Mann einladen. Selbstverständlich hat dieser Mann dann auch die Rechnung im Lokal zu begleichen oder muß für den Urlaub zu zweit finanziell aufkommen. Das Erstaunliche aber ist, daß Ruth all diese Widersprüche gar nicht wahrnimmt, sondern im guten Glauben ist, eine völlig emanzipierte Frau zu sein.
So wie Ruth A. geht es vielen Menschen. Oft fällt der Freundeskreis des Betreffenden aus allen Wolken, wenn die Realität zutage tritt. Manchmal sieht es für die Freunde oder für das Umfeld aus, als ob hier eine bewußte Täuschung vorläge oder sogar Heuchelei im Spiel sei. Dies ist jedoch nicht immer der Fall. Der Betreffende spielt die Rolle vor sich und der Umwelt oft so perfekt, daß er fest davon überzeugt ist, daß alles bei ihm echt sei.
Oder der Fall von Robert T. (32):
Robert propagiert, wo auch immer er hinkommt, die offene Ehe. Jeder der beiden Partner könne seiner Ansicht nach tun und lassen, was er will. Als jedoch seine Frau eines Abends einmal mit ihrer Freundin ausging, wand er sich vor seelischen Schmerzen am Boden. Er hatte furchtbare Angst, daß sie an diesem Abend einen anderen Mann kennenlernen könnte. Kurzum, er war seelisch noch ganz und gar nicht reif für eine freie Beziehung. Er war noch im alten Fühlen gefangen, und die neue Form war in Wirklichkeit nur eine Farce. Die Konstellation »alter Inhalt – neue Form« geht also nur so lange gut, wie die Diskrepanz nicht evident wird. Vor dem Auffliegen des »Schwindels« fühlen sich die Betreffenden jedoch blendend, weil sie das Gefühl haben, sich aus der Masse abzuheben, in der Entwicklung schon einen Schritt weiter zu sein. Die Diskrepanz zwischen Inhalt und Form wirkt sich aber auf die Dauer ungünstig auf das Schicksal aus; denn, wenn jemand lässig

und progressiv gekleidet ist, vermutet man dahinter zunächst nicht einen konservativen Spießer und wenn jemand ein sportliches, schnittiges Auto fährt, nicht einen Langweiler, der einem ständig zum Gähnen Anlaß gibt.
Da nach außen hin etwas anderes dargestellt wird, als innen vorhanden ist, laden diese Menschen zu falschen Projektionen ein. Das bedeutet, daß dadurch einer Anziehung von falschen Partnern und Freunden Vorschub geleistet wird, was mit viel Leid und Verdruß verbunden ist, mit viel Kraft- und Zeitvergeudung.
Durch diese Selbst- und Fremdtäuschung kann man weder selbst noch der Mitmensch, mit dem man in Beziehung steht, Erfüllung finden.

3. **Neuer Inhalt – alte Form**
Diese Konstellation ist besonders ungünstig, weil man hier nur ständig auf die alten vorgegebenen Formen reagieren kann, ansonsten aber der Situation ohnmächtig gegenübersteht. Man regt sich über die Institution Ehe auf, möchte neue Formen des Zusammenlebens erproben, sitzt aber selbst in einer unbefriedigenden Ehesituation fest. Man ärgert sich über die Antiquiertheit der Lehrpläne an höheren Schulen, ist aber mangels Alternative gezwungen, sein Kind doch auf ein Gymnasium zu schicken.
Man rebelliert gegen die Macht der Kirchen, echauffiert sich in der Gemeinderatssitzung, findet das alljährlich stattfindende Volksfest nicht mehr zeitgemäß.
Ein Mensch mit dieser Konstellation hat sich bereits auf den verschiedensten Lebensgebieten eigene Gedanken gemacht und kann daher die pauschal vorgegebenen Strukturen und Formen nicht mehr so ohne weiteres gutheißen. Leider erschöpft sich der Betreffende im Akt der steten Auflehnung und des permanenten Kampfes gegen alles und jeden. Er macht sich im Laufe der Zeit selbst verrückt und merkt, daß er mit seinem Engagement kaum etwas er-

reichen kann. Er macht den Fehler, stets nur zu reagieren mit Ärger, Haß, Wut, Neid, Depression oder Überlegenheit, also mit reaktiven Gefühlen, die nichts einbringen. Oder er reagiert, indem er andere über sein neues Gedankengut aufklärt, also damit missioniert. Aufgrund dessen glaubt er, aktiv zu sein und etwas gegen Rückständigkeit und Mißstände zu tun. Doch solange er selbst in alten Formen lebt und nicht seinen neuen Inhalten gemäß neue Formen schafft, wird er seinem Leben kaum positive Aspekte abgewinnen können. Außerdem schafft derjenige, der immer nur auf die vorgegebenen Formen reagiert, bei sich die Disposition für Somatisierungen aller Art, denn die obengenannten reaktiven Gefühle* gehen mit körperlichen Reaktionen synchron.

Wenn bestimmte Gefühlsraster beibehalten werden, wird daher auch die Krankheit chronifiziert. Und selbst, wenn es nicht zu einem solchen Erschöpfungssyndrom oder zu einer solchen Somatisierung kommen sollte, sind bei dieser Art von Diskrepanz zwischen Inhalt und Form die Lebensfreude und der Lebensgenuß auf alle Fälle reduziert.

4. **Neuer Inhalt – (noch) keine Form**

Noch schlechter ergeht es jenen, die sich neue Inhalte angeeignet haben, aber noch keine neuen Formen dafür gefunden haben. Sie können sich aber auch mit den alten Formen nicht mehr identifizieren und suchen sie deshalb auch gar nicht mehr auf.

Hier ist folgendes Phänomen zu beobachten:

Da nur neue Inhalte vorhanden sind, aber noch keine entsprechenden Formen in der Welt verwirklicht wurden, muß schließlich der Körper als Form herhalten, was bedeutet, daß man bei dieser Konstellation besonders für Krankheit und Leid disponiert ist.

* Lösungsmöglichkeiten für reaktive Gefühle siehe Anhang.

Mit anderen Worten: Unser Unbewußtes ist bestrebt, immer ein Gleichgewicht zwischen Inhalt und Form herzustellen. Wird die Notwendigkeit, eine Form zu schaffen, aus welchen Gründen auch immer, verdrängt, werden nach dem Gesetz der Wiederkehr des Verdrängten verzerrte Formen »serviert«: Krankheit und ungünstige Formen in der Außenwelt, die Schmerz und Unlust hervorrufen.
Jeder Persönlichkeitsanteil in uns braucht in der Außenwelt einen Bezug, jede Anlage will durch äußere Symbole ausgedrückt werden.

5. **Neuer Inhalt – neue Form**
Das ist die Konstellation der Gewinner.
Zunächst erscheint dies als der schwierigste und langwierigste Weg; denn zuerst muß man sich neue Inhalte aneignen und dann auch noch die diesen Inhalten entsprechende Form finden. Und wenn man letztere nicht findet, heißt es, sich diese Form selbst zu erschaffen. Klar, daß da die meisten Menschen zurückschrecken und lieber bequemere Wege gehen oder ihr Heil in der Flucht oder einer Sucht suchen. Im Endeffekt ist aber der Weg hin zu einer Form für die eigenen neuen Inhalte weniger zeitaufwendig und schicksalsmäßig erheblich leichter als all die anderen Wege, zumal es sich bei diesen vorwiegend um Um- und Irrwege handelt und man zu guter Letzt doch diesen einen Weg gehen muß. Viele Kursteilnehmer berichten uns, daß sie sich im nachhinein furchtbar darüber ärgern, daß sie nicht von Anfang an diesen Weg gegangen sind, in der Vergangenheit immer wieder neue Ausflüchte gefunden hatten, um bloß nicht das Wichtigste und Notwendigste tun zu müssen, nämlich die eigene Persönlichkeit, die eigene Individualität zu entdecken und in der Welt auszudrücken.
Wer fähig ist, seinen eigenen Inhalten Form zu verleihen,

ist auf dem besten Wege zu Zufriedenheit, Glück, Gesundheit und Wohlleben. Den eigenen neuen Inhalten eine adäquate Form zu geben, bedeutet, den Tischlein-Deck-Dich-Effekt in Gang zu setzen.
Nun wird alles auf allen Lebensgebieten möglich. Wer seinen eigenen Inhalten Form verleiht, gibt die richtige Projektionsfläche für die Menschen ab, die sich von dieser Form angezogen fühlen. Er findet dadurch den richtigen Lebenspartner und die richtigen Freunde.

Wir haben an anderer Stelle das Beispiel mit dem Apfelkern angeführt, in dem bereits der ganze Apfelbaum enthalten ist. Wenn dieser Kern sich entfaltet und zu einem

Apfelbaum wird, wird die »Idee« Apfelbaum in der Außenwelt sichtbar ausgedrückt. Mit seinen Blüten zieht der Apfelbaum spezifische Insekten an, mit seinen Früchten spezifische Tiere, die schließlich deren Samen weitertragen.

Ähnlich verhält es sich beim Menschen. Er muß sich zu sich bekennen und sich in der Welt ausdrücken. Nur dann zieht der einzelne magisch die Personen und Situationen an, die seinen Lebensweg bereichern. Hinzu kommt, daß man die neuen Inhalte und die neuen Formen oft auch beruflich oder geschäftlich nutzen kann. Dazu ein Beispiel: Lothar K. beschäftigte sich seit Jahren mit vegetarischer Ernährung und eröffnete schließlich ein vegetarisches Restaurant inmitten einer deutschen Großstadt. Aufgrund seiner modernen, aufgeklärten geistigen Gesinnung gestaltete er die Räumlichkeiten hell und freundlich und trug dem Zeitmangel der Besucher durch ein reichhaltiges Büfett Rechnung, das rund um die Uhr offeriert wurde. Karawanenartig strömten die Menschen in dieses Restaurant. Er hatte eine Marktlücke entdeckt und sein Restaurant wurde zu einer Goldgrube. Die Marktlücke sahen viele Menschen, danach gehandelt hat aber nur einer.

»Und jedem Anfang wohnt ein Zauber inne ...«
(Hermann Hesse)

Keine teuren Anschaffungen zu Beginn

Viele Menschen – insbesondere aus dem Angestelltenmilieu bzw. aus der Mittelschicht – glauben, daß gerade die Form erfolgreich macht. Wenn sie sich selbständig machen, eine Firma, ein Geschäft gründen oder eine Praxis einrichten, dann legen sie allergrößten Wert darauf, daß die Form für sie stimmt.

Die Gefahr liegt jedoch darin, daß die Betreffenden wenig echten Eigenwert besitzen, oft sogar an Minderwertigkeitskomplexen leiden, was mit teurer Kleidung, einem tollen Ambiente oder einer Luxuslimousine kompensiert wird.

Aufgrund des Eigenwertdefizits haben sie die Meinung entwickelt, daß man von Anfang an gleich groß – notfalls durch Aufnahme von Schulden – auftrumpfen müsse, um damit andere Leute glauben zu machen, man wäre sehr erfolgreich. Sie glauben, daß die Mitmenschen dann mehr Vertrauen in die jeweilige Firma oder in das jeweilige Geschäft entwickeln und damit eher zu Kunden oder Klienten werden.

Sie bedenken nicht, daß das feine Ambiente und die übersteigert guten Umgangsformen viele Menschen sogar abschrecken, mehr noch, daß manche sogar das Gefühl haben, hier besonders aufpassen zu müssen, um nicht »über den Tisch gezogen zu werden«. Bei manchen Menschen gehen bei dem aufgesetzt freundlichen Verhalten und den vornehmen Rahmenbedingungen innere Warnleuchten an. Sie überlegen, wie sehr der Betreffende gelogen und betrogen haben muß, um sich diese edle Büroeinrichtung, diese spektakuläre Computeranlage, diesen außergewöhnlichen Schmuck, diese wertvolle Uhr etc. leisten zu können.

Sie bekommen Angst, in eine Falle zu gehen, und entwikkeln eine innere Abwehr, solch teure Dinge mitzufinanzieren. Der Schuß geht also für die Formfetischisten meist nach hinten los. Anstatt einen seriösen Eindruck zu hinterlassen, erscheinen sie bei anderen oft als unseriös und suspekt. Es wäre also für die Betreffenden sehr viel günstiger, sich zuerst auf dem Lebensgebiet, auf dem sie sich selbständig gemacht haben, mehr Inhalte und mehr Kompetenz anzueignen und sukzessive dazu auch die Grundausstattung (Form) weiterzuentwickeln.

Erst wenn die Firma oder das Geschäft große Gewinne abwirft, kann man – wenn überhaupt – an teure Anschaffungen denken; denn erst dann kann man sie von der Steuer absetzen.

Doch auch in diesem Falle bleibt es ratsam, Vorsicht walten zu lassen und nicht zu sehr mit der Firma zu glänzen, um andere nicht zu verunsichern und den Erfolg dadurch zu gefährden.

Wer in die Fußstapfen anderer tritt,
hinterläßt keine eigenen Spuren

Starten Sie aus der Pole-position

Viele erkannten die Marktlücke. Sie sagten: »Auf diesem Gebiet müssen unbedingt Messeveranstaltungen organisiert werden. Der Bedarf ist da, alles schreit danach: Die Aussteller und die Menschen, die sich auf diesem Markt informieren wollen.« Doch niemand war da, der die Sache in die Hand nahm und Nägel mit Köpfen machte – bis eines Tages Tim O. auftauchte, ein Mann der nicht lange fackelte. Er machte den Anfang, brachte als einziger den Mut auf, um ein solches Projekt zu verwirklichen. Ohne viel Federlesens ging er hin und mietete für 50.000 € die Stadthalle für eine Woche. Kurz vorher schrieb er 500 potentielle Aussteller an, davon wollten 300 einen Platz mieten. 100 kamen in die engere Wahl. Der Durchschnittspreis pro Messestand belief sich auf 1.000 €. Das ergibt zusammen 100.000 €. Der Eintrittspreis für die 15.000 Besucher betrug 10 € (= 150.000 €). Nach Abzug der Miete und weiterer Kosten verdiente Tim O. in einer Woche vor Steuern 175.000 €. Inzwischen veranstaltet Tim O. diese Messe in verschiedenen Städten Europas und ist nun Multimillionär.

Die Kritikliste bezüglich seiner Veranstaltungen ist jedoch lang. Es wird ihm Desorganisation vorgeworfen, man sagt, das Gleichgewicht zwischen Geben und Nehmen stimme nicht, viele sprechen von mangelnder Kompetenz und einer Tendenz zum Chaos. Die am Rande der Messe veranstalteten Fachvorträge zeichnen sich dadurch aus, daß das Publikum am Boden sitzen muß, für die Referenten ist kein Arbeitsmaterial vorhanden – Tageslichtprojektoren und Flip-charts müssen die Vortragenden selbst mitbringen. Im Grunde unhaltbare Zustände, und dennoch – Tim O. behauptet seine Position. Alle Kritik prallt an ihm ab. Sein Motto lautet: Der Erfolg zieht immer viele Neider nach sich.

Bei Tim O. bewahrheitet sich das Sprichwort: Wer zuerst kommt, mahlt zuerst.

Obwohl er außer Mut kaum irgendwelche Anlagen und Fähigkeiten ausgebildet hat, stehen ihm nach den Gesetzen des Lebens die Millionengewinne zu.

Denn Mut ist die Grundvoraussetzung für jeden Erfolg. Es gibt Tausende, die mehr Fähigkeiten ausgebildet haben als Tim O., die ein besseres Organisationstalent haben und mehr Kompetenz aufweisen, aber deren Talente können nicht zum Tragen kommen, wenn diese wichtige Anlage fehlt. Tim O. ist nun schon seit langem Marktführer und jeder, der versucht, dieselbe Veranstaltung zu inszenieren, erscheint als bloßer Imitator. Kaum ein Aussteller – obwohl mit Tim O. mehr als unzufrieden – mietet danach noch einen Messestand bei einem anderen Organisator, noch dazu, wenn nicht gesichert ist, ob die Veranstaltung ein voller Erfolg wird.

Auch die Besucher wären verwirrt, wenn plötzlich dieselbe Fachmesse in derselben Stadt zwei- oder dreimal im Jahr ablaufen würde.

Kurzum: Tim O. hat für sein Leben ausgesorgt. Er startete aus der Pole-position und war nicht mehr einzuholen und wird, wie es aussieht, auch in Zukunft trotz all seiner Mängel auf dem Siegerpodest stehen.

Wie eine einzige Entscheidung die ganze Welt beeinflussen kann

Was Mut alles bewirken kann, zeigt die Geschichte von Donald H.:

Donald sah in einem Café in Hamburg eine junge Frau, die ihm sehr gefiel.

Einen Moment zögerte er, brachte aber dann doch all seinen Mut auf und sprach sie an.

Diese eine Sekunde, in der er sich für diese Aktion entschied, hatte weitreichende Folgen. Die junge Frau, sie hieß Patrizia, reagierte positiv und nach einigen Rendezvous entwickelte sich eine Beziehung. Aufgrund dessen fühlte sich jedoch Gerlinde, Patrizias Freundin, etwas zurückgesetzt und vereinsamt, was zur Folge hatte, daß sie endlich dem Werben eines langjährigen Verehrers (Ralf) nachgab. Aufgrund der Verbindung zwischen Gerlinde und Ralf wurden das Leben von Gerlindes Kindern Raphael (7) und Simon (13) aus ihrer ersten Ehe und das Leben von Ralfs Sohn Gerhard (26) aus dessen erster Ehe entscheidend beeinflußt. Raphael und Simon bekamen einen neuen Vater, der sehr streng war, und Gerhard mußte aus dem Haus des Vaters ausziehen, um der neuen Familie Platz zu machen. Dadurch ergab sich für Gerhards Freundin eine völlig neue Situation. Gerhard wollte plötzlich unbedingt mit ihr zusammenziehen. Schließlich heirateten sie und ein Jahr später kam ihre Tochter zur Welt.

Doch kehren wir nun zu Donald und Patrizia zurück. Als die Beziehung sich immer mehr festigte, merkten sie, daß sie zusammengehörten. Daraufhin löste Donald seine alte Beziehung zu Tamara auf, mit der er ein loses sexuelles Verhältnis hatte und Patrizia gelang die Ablösung von Emanuel, dem Vater ihrer Tochter Sabine, mit dem sie jahrelang massive Konflikte hatte, aber wegen des Kindes den Kontakt nicht endgültig abbrechen wollte.

Sowohl Tamara als auch Emanuel standen nun vor einer völlig neuen Situation. Sie meisterten die Situation dergestalt, daß auch sie neue Beziehungen eingingen, die wiederum weitreichende Folgen hatten.

Schließlich bauten Donald und Patrizia ein Haus in einer entfernten Stadt. Durch dieses Projekt wurde das Leben des Architekten und dessen Familie sowie das Leben von Dutzenden von Arbeitern, die auf diesem Bau tätig waren, beeinflußt. Auch der Umsatz von verschiedenen Möbelfirmen, die die Inneneinrichtung gestalteten, wurde angekurbelt. Daraus hatten wiederum verschiedene Verkäufer Provisionen erhalten, die den Etat ihrer Familien aufbesserten.

Durch den Umzug in diese Stadt wurden alte Freundschaften, die noch in Hamburg bestanden, weitgehend aufgelöst und neue Freunde traten auf die Bühne ihres Lebens. Schließlich bekamen Donald und Patrizia noch ein Kind, das im Laufe seines Lebens seinerseits noch Tausende von Menschen beeinflussen wird.

Die eben geschilderten Kettenreaktionen, die auf eine einzige Tat zurückzuführen sind, sind jedoch nur ein Bruchteil dessen, was sich tatsächlich alles daraufhin ereignet hat. Wir haben dabei nicht die jeweiligen Eltern und sonstigen Verwandten erwähnt, sind nicht auf die zweite Freundin von Patrizia eingegangen, die sich nach deren Umzug eine andere Freundin suchen mußte, haben nicht an die Ober in den Restaurants gedacht, wo Donald und Patrizia zu essen pflegten und und und.

Und nicht zu vergessen: Man weiß nicht, wenn Donald und Patrizia sich nicht liiert hätten, welche Partner dann für sie infrage gekommen wären. D.h. zwei oder mehrere Menschen wissen gar nicht, daß sie durch Donalds Entscheidung, Patrizia anzusprechen, beeinflußt wurden. Sie wissen nicht, was ihnen entgangen ist. Sie liieren sich jetzt mit anderen Partnern und beeinflussen so wiederum deren Leben. Doch letztere hätten sich auch wieder mit anderen Partnern eingelassen usw. Hinzu kommt, daß auch die Nachkommen aus all diesen Beziehungen wiederum völlig andere Menschen mit anderen Genstrukturen und Charaktermerkmalen sein werden.

Insofern hat jeder von uns nahezu unbegrenzte Möglichkeiten, sein Leben und damit die ganze Welt zu verändern.

Die Dummen sind sich immer so sicher,
die Klugen sind voller Zweifel.

Den Milieusprung wagen

Um als Mensch erfolgreich zu werden, ist es wichtig, sich von den Maßstäben und Denkvorgaben des jeweiligen Milieus, in dem man aufgewachsen ist, zu befreien; denn fast alles, was in dem jeweiligen Milieu an Meinungen und Glaubenshaltungen vorherrschend ist, ist falsch. Eigentlich ist es sinnlos, auf irgend jemanden zu hören, der nicht selbst Gesundheit, Wohlleben und Reichtum erreicht hat. In sämtlichen Bevölkerungsschichten wird man mit falschen, dummen oder banalen Ratschlägen »beglückt« oder mit Lebenserfahrungen bombardiert, die mit der Realität nicht das mindeste zu tun haben.

Woher kommt es, daß Leute auf den verschiedensten Lebensgebieten dreist Ratschläge erteilen, obwohl sie dort völlig uninformiert sind, darüber nie etwas gelesen, geschweige denn darüber reflektiert haben?

Psychologisch gesehen ist jeder Irrglaube die Reaktion auf ein Defizit und wird – solange das Defizit besteht – aufrechterhalten. Defizit und Irrglaube bedingen und bestätigen einander gegenseitig.

Wenn etwa eine Mutter ihre Tochter vor den Männern warnt, weil »jene immer nur das Eine wollen«, so ist das nur ein Ausdruck der subjektiven Lebenserfahrung der Mutter, die aber unter der Brille von deren sexuellen Desinteresse gemacht wurde. Oder wenn z.B. ein Vater aus der Arbeiterschicht seinen Sohn maßregelt, weil dieser Sachbücher liest, und ihm signalisiert, daß man dadurch dumm und weltfremd wird, so weist dies auf ein Defizit an Bildung hin, das der Vater bisher nicht aufzufüllen vermochte.

Und wenn jemand aus der Mittelschicht warnt: »Die Börse ist nur was für Profis. Dort kann man schnell Geld verzokken.«, so ist dies nicht vernünftig und weise, sondern deutet nur darauf hin, daß sich der Betreffende nicht mit dem Börsenwissen vertraut gemacht hat.

Oder: Andere mit demselben gesellschaftlichen Hintergrund warnen hingegen immer wieder davor, sich selbständig zu machen. Sofort erzählen sie einem Geschichten von Leuten, die dabei gescheitert und dann reumütig ins Angestelltenmilieu zurückgekehrt sind – allerdings mit der Hypothek, Zeit ihres Lebens für ihren früheren mißlungenen Ausflug in die Selbständigkeit bezahlen zu müssen. Sofern der Warner nie selbst selbständig war, kann er auf diesem Gebiet nicht mitreden. Sein Defizit in bezug auf Selbständigkeit ist zu offensichtlich.

An allen Ecken und Enden begegnen uns Irrglauben und falsche Überzeugungen. Die einen haben die Vorstellung, daß menschliches Leiden ausschließlich äußere Ursachen hat und daß der Mensch wenig Einfluß auf seinen Kummer und seine psychischen Probleme nehmen kann.

Andere wiederum sind der Überzeugung, daß alles im Leben auf Zufall beruht und lachen über Psychologen und Erfolgstrainer, die behaupten, daß hinter jedem Zufall Gesetzmäßigkeiten wirken, die sich dem bewußten Erkennen entziehen.

Oder in Esoterikerkreisen kursiert vielfach die Meinung, daß – wie auch immer man sich in bestimmten Situationen verhalten oder entscheiden mag – ohnehin alles bereits festgelegt sei, daß also das Schicksal vorbestimmt sei und man gar nichts mehr tun könne, um ein besseres Karma zu erreichen. Auch hier liegt das Defizit auf der Hand: Mangel an psychologischem und erfolgskybernetischem Wissen. Ferner gibt es Menschen mit einem Mangel an unternehmerischen Fähigkeiten, die die Auffassung vertreten, Unternehmer seien charakterlich nicht einwandfrei und hätten nur eines im Sinn, nämlich andere auszubeuten und sie für ihre Ziele gefügig zu machen.

Wir sehen also, daß alle irrationalen Vorstellungen aus Defiziten an den verschiedensten menschlichen Anlagen und Fähigkeiten entspringen. Welcher Mechanismus wird hier wirksam?

Jedes Defizit erzeugt im geistigen Organismus ein entsprechendes Komplementärbild, so daß die Homöostase aufrechterhalten werden kann. Indem man ergänzt wird, ist man wieder eine Ganzheit, spürt man nicht mehr den Mangel. Letzteres mag zwar zunächst angenehm erscheinen, wirkt sich aber sehr ungünstig aus, weil dadurch Entwicklung und Reifung meist abgewehrt werden.

Ein Beispiel: Jemand hat ein Defizit in bezug auf Geborgenheit. Vor seinem geistigen Auge taucht das Bild eines wärmenden Kachelofens auf. Dieses Bild gleicht den Betreffenden aus und stellt die Harmonie in seinem Organismus wieder her, gleichzeitig aber besteht die Tendenz, die Suche nach der eigenen inneren Geborgenheit abzubrechen und stattdessen nur noch nach einem passenden Kachelofen Ausschau zu halten. Eine weitere Schwierigkeit besteht darin, daß man damit beginnt, das jeweilige Defizit zu idealisieren, d.h. man entwickelt passend zu dem jeweiligen Defizit die entsprechenden Statements, Glaubenshaltungen, Einstellungen, Meinungen, Vorstellungen, Ideologien und Anschauungen. Weist jemand etwa ein Defizit an der Fähigkeit, mit Geld umzugehen, auf, kann entweder Reichtum zum Leitbild erheben* oder die gegensätzliche Haltung entwickeln und sagen: »Ich mache mir nichts aus Geld! Geld ist schmutzig und verdirbt den Charakter!« Auf diese Art und Weise entstehen sogenannte Lieblingsglaubenshaltungen, an die sich der einzelne klammert wie ein Schiffbrüchiger an einen Mast. Wird die eigene Hemmung oder das jeweilige Defizit

* Kindrollenspieler neigen dabei mehr dazu, den Gegenpol zu bewundern, während Elternrollenspieler meist ihr eigenes Manko zum Ideal erheben.

aufs Podest erhoben, hat ein anderer Mensch kaum noch die Chance, mit dem Betreffenden ein konstruktives Gespräch zu führen. Im Gegenteil! Indem das Defizit zum Leitbild oder gar zum Ideal hochstilisiert wird, wird der andere in seiner Argumentation abgewürgt. Solche Sätze, Statements und Überzeugungen haben dann den Charakter eines Diskussionskillers.

Aufgrund dieses Mechanismus ist das Phänomen zu beobachten, daß gerade derjenige, der ein Manko hat, der die Anlage zuwenig ausgebildet oder sich auf dem betreffenden Gebiet zuwenig informiert hat, mit seiner dazu gehörenden Meinung oder Glaubenshaltung den anderen, der mehr weiß und besser mit der Anlage umzugehen versteht, nicht nur aufklärt und belehrt, sondern ihn sogar noch entwertet und ihm womöglich genau das vorwirft, was eigentlich bei ihm vorliegt, z. B. Naivität, Uninformiertheit, Intoleranz und mangelnde Realitätssicht. Nicht verwunderlich ist dabei, daß derjenige, der ausgerechnet sein Manko als Tugend und sein Defizit als erstrebenswert hinstellt, von allen Seiten anerkannt und bestätigt wird, weil leider noch immer viele Menschen aufgrund einer anachronistischen Schulbildung, bzw. aufgrund einer einseitigen Ausbildung auf den meisten Lebensgebieten ähnliche Defizite aufweisen. Da noch zu wenige Menschen über ausgebildete Fähigkeiten verfügen, erscheint fast jeder Mangel und die dazu passende Glaubenshaltung als normal, während der Wissende, der sich auf dem entsprechenden Gebiet umfassend auskennt, immer wieder als Außenseiter abgestempelt wird.

Eine Vorstellung, eine Glaubenshaltung oder eine Meinung, die von den meisten Menschen vertreten wird, wird damit zur Norm und oft sogar zum Recht.

Fazit:

Glauben Sie niemandem, der nicht selbst erfolgreich, glücklich und zufrieden ist!

Fragen Sie nur diejenigen, die in ihrem Leben das erreicht haben, wonach sie suchen.

Fragen Sie nur denjenigen in bezug auf Partnerschaft, dessen Beziehung voller Glück und Leidenschaft ist, nur denjenigen in bezug auf finanziellen Erfolg, der im Überfluß lebt.

Aber fragen Sie – um Himmels willen – nicht »einfach mal« die Verwandten, Bekannten und Arbeitskollegen Ihres Milieus, in dem Sie aufgewachsen sind, oder Fachleute, die selbst in schlechten Beziehungen stecken oder dem finanziellen Ruin nahe sind.

Und: Trennen Sie sich von Ihren milieuspezifischen Glaubenshaltungen und Irrmeinungen, denn diese gehören zu den größten Erfolgshindernissen.

Echter menschlicher Erfolg ist immer individuell. Er ist nur jenseits aller Milieus erreichbar, denn nur jenseits aller Milieuideologien ist die Wirklichkeit des Lebens zu finden.

Absage an alle Ideologien (= ismen)

Greifen wir noch einmal den Gedanken auf, daß jedes Defizit mit einer bestimmten Glaubenshaltung verbunden ist.

Man kann hier noch einen Schritt weitergehen: Nicht nur jede Glaubenshaltung, sondern auch jede Ideologie ist auf Defizite im Persönlichkeitssystem ihrer Anhänger zurückzuführen.

Im Supermarkt der Ideologien sucht sich jeder diejenige aus, die seine seelische Wunde (seinen Mangel, seine Schwäche) am besten zu schützen vermag.

So schützt sich z.B. derjenige, der fanatisch für den Kommunismus eintritt, davor, daß seine mangelnden wirtschaftlichen Fähigkeiten und sein Defizit im Management und in unternehmerischen Fähigkeiten offen zutage tritt.

Hätte er diese Fähigkeiten ausgebildet, hätte er ein völlig anderes Denken.

Wer hingegen dem reinen Kapitalismus anhängt, übertüncht damit meist seine Eigenwertproblematik.

Mancher, der sich einer Langzeit-Psychoanalyse unterzieht, hat die Tendenz, über das ständige Analysieren der Vergangenheit das Handeln für die Zukunft zu vergessen. Oder anders gesagt: Psychoanalyse fungiert häufig als Schutz, um nicht hier und heute handeln zu müssen.

Wird eine Frau Anhängerin des Feminismus, ist anzunehmen, daß sie sich von Männern zu wenig angenommen fühlt oder sich im Leben nicht genug behaupten kann. Über den Feminismus ist es möglich, von eigenen Defiziten abzulenken und den Männern oder ganz einfach dem Patriarchat die Schuld in die Schuhe zu schieben. Auch der Feminismus fungiert also als Schutz, um die Ursache nicht bei sich selbst suchen zu müssen, sondern andere dafür verantwortlich zu machen, daß es einem nicht so gut geht, wie man es sich vorstellt.

Und damit sind wir bei einem ganz entscheidenden Punkt.

Ideologien sind anscheinend für all diejenigen da, die es nicht schaffen, ihr Leben so einzurichten, wie sie es brauchen, wie es für sie passend ist.

Fast jede Ideologie bringt offen oder verdeckt zum Ausdruck: »Die Welt ist, so wie sie ist, nicht richtig. Wir (die Anhänger dieser Ideologie) müssen dafür kämpfen, daß die Welt in der Zukunft so sein wird, wie wir es wollen. Erst dann, wenn die Frau gleichberechtigt ist, wenn alle Menschen kommunistisch oder kapitalistisch, alle Vegetarier geworden sind oder esoterisch denken, dann erst ist die Welt in Ordnung. Dann erst läßt es sich gut leben.«

Das bisher Gesagte gilt im Grunde genommen für jede Ideologie. Es ist wesentlich sinnvoller, das eigene Defizit aufzufüllen, das die Affinität zu der jeweiligen Ideologie entstehen ließ, als jahrzehntelang für diese Ideologie kämpfen zu müssen.

Es gibt nichts zu kämpfen! Wer seine Anlagen und Fähigkeiten entwickelt, braucht nicht mehr zu kämpfen. Dieser Kampf ist nur Ablenkung vom Wesentlichen, von der wahren Ursache der auftretenden Probleme und Schwierigkeiten im Leben.

Die Quintessenz: Es mag vielleicht manche Ideologie partiell richtige Inhalte oder auch Wahrheiten enthalten, in ihrer Totalität aber ist jede Ideologie pauschal und insofern für das Individuum ungünstig, weil sie nicht auf die persönliche Wirklichkeit des Betreffenden zugeschnitten ist. Daher heißt es, sich von dem Kampf zu distanzieren, der nur Verlust an Lebenszeit und Lebensqualität zur Folge hat; denn Ideologien machen nicht glücklich.

Und wer unbedingt für die Menschheit etwas tun will, kann zuerst bei sich selbst beginnen. Wer die Lebensqualität auch nur eines einzigen Wesens – und sei es die eigene –

verbessert, hat damit mehr Humanität in die Welt gebracht, als wenn er sich im steten Kampf für eine Ideologie erschöpft.

Anlagen und Fähigkeiten investieren

Erfolg ist das Ergebnis der Investition von wertvollen menschlichen Anlagen und Fähigkeiten:

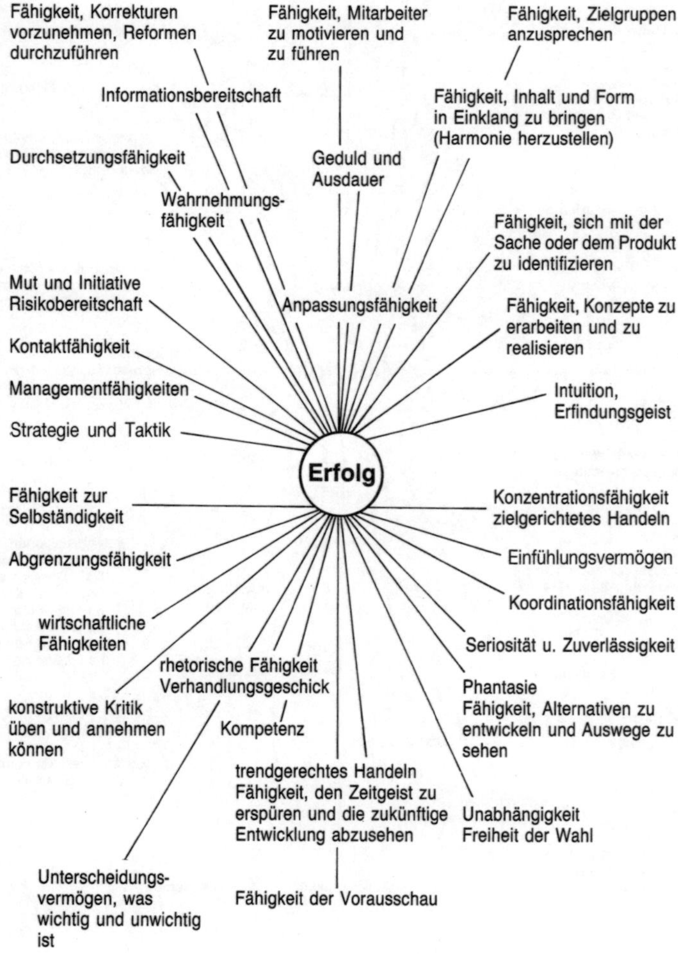

Mißerfolg ist gleichbedeutend mit dem Fehlen oder dem überdimensionierten Ausleben all der Eigenschaften und Fähigkeiten, die den Erfolg bewirken:

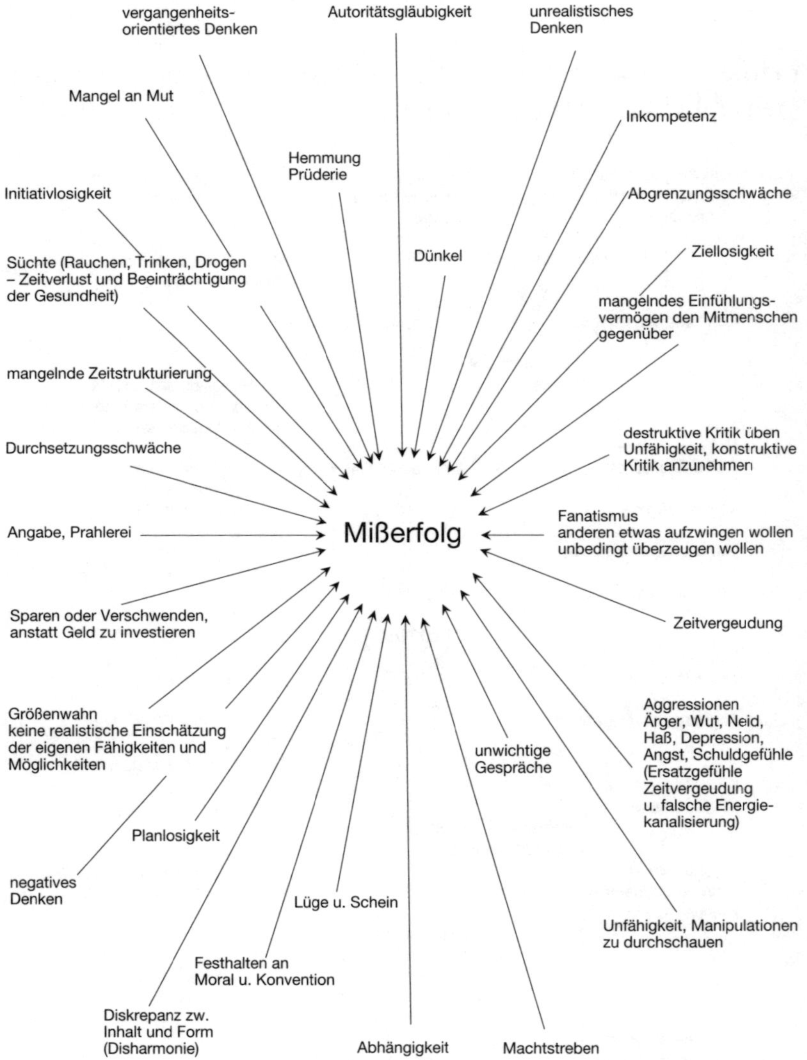

In jedem Menschen sind alle Anlagen und Fähigkeiten der menschlichen Natur verankert. Unterschiede ergeben sich nur aufgrund der verschiedenartigen Prägung durch Elternhaus, Schule, Kultur, Milieu und Zeitepoche. Einige Anlagen wurden je nach den spezifischen Gegebenheiten gefördert, andere wiederum wurden gehemmt oder mußten gänzlich verdrängt werden.

Insofern setzt jeder Mensch andere Schwerpunkte innerhalb des menschlichen Anlagenpotentials. Um Erfolg zu haben, gilt es unter anderem, seine speziellen Stärken zu erkennen, verfügbar zu machen und einzusetzen. Leider glauben viele Menschen, sie hätten gar keine besonderen Anlagen und Talente. Dies mag daran liegen, daß sie unbewußt – so wie es Usus ist – ihre Energien falsch kanalisieren oder nur in einem verwunschenen und verzauberten Zustand erleben. Ihre wertvollen Anlagen wurden unbewußt auf Symbole in der Außenwelt (Geweih, Stereoanlage, Gartenzwerge, Motorboot oder ähnliches) projiziert und sind daher nicht mehr als eigenes Anlagenpotential erkennbar. Energien, die nicht selbst eingesetzt werden können, sondern in Symbolen gebunden sind, kosten Geld und Arbeit.

Andere wiederum führen ins Feld, sie wären ohnmächtig, arm und krank und könnten daher ihre Talente nicht entfalten. Doch die Botschaft der Erfolgskybernetik, die die komplementäre Verflochtenheit zwischen dem Minus- und dem Pluspol einer Anlage beachtet, lautet: »Wenn Du ohnmächtig sein kannst, kannst Du genauso gut Macht über Dich selbst haben. Wenn Du arm bist, kannst Du genauso gut reich sein! Und wenn es Dir gelang, krank zu werden, ist es Dir auch möglich, gesund zu werden* und zu bleiben!« Im Grunde genommen ist es sogar schwieriger, ohnmächtig, arm und krank zu werden. Es kostet mehr Kraft, seine wertvollen Anlagen,

* Dies soll nicht bedeuten, daß man auf Diagnose und Therapie des Arztes verzichten kann – in vielen Fällen sind diese überlebensnotwendig –, sondern daß man fähig sein sollte, an seinem Gesundungsprozeß aktiv mitzuarbeiten.

seine natürlichen Energien zu unterdrücken und zu knebeln, als dieselben Energien sich entfalten zu lassen. Macht und Ohnmacht, Armut und Reichtum sind nur die zwei Kehrseiten ein und derselben Medaille.

Viele Menschen sehen auch nur den »negativen« Aspekt einer Anlage, ohne die positive Seite wahrzunehmen. Begegnen sie einem sehr ängstlichen Menschen, fühlen sie sich überlegen oder bemitleiden ihn, erkennen aber nicht, daß jemand, der so viel Angst hat, zwangsläufig die Fähigkeit einer blühenden Phantasie aufweisen muß, weil sonst die Angst keinen Nährboden hätte.

Oder umgekehrt: Manche bewundern einen genialen Arzt oder Künstler und sind schließlich erschüttert über dessen Schattenseite, wenn sie den betreffenden Menschen näher kennenlernen. Wo viel Licht ist, ist eben auch viel Schatten!

Es kann nur derjenige ein genialer psychosomatischer Arzt werden, der auch gleichzeitig eine starke hypochondrische Komponente aufweist, und nur derjenige ein guter Suchtexperte werden, der selbst starke Suchttendenzen in sich spürt, nur derjenige ein begnadeter Künstler und Ästhet sein, dessen Ekelschwelle extrem niedrig liegt.

Anstatt sich über den Minuspol der Anlagen eines Menschen zu stabilisieren, indem man sich selbst für höher, besser, seelisch-geistig gesünder hält, sollte man immer gleichzeitig den Pluspol seiner Anlage mit einbeziehen, um sich ein ganzheitliches Bild machen zu können.

Der Minuspol weist uns lediglich darauf hin, daß eine wertvolle menschliche Anlage vorhanden ist, die aber eben im Status quo noch uneingelöst ist. Es ist möglich, den anderen Pol anzupeilen, ja diesen sogar beruflich zu nutzen. So kann der Kranke – wie erwähnt – gesund werden, wenn er den Weg zur Gesundheit einschlägt, er kann aber auch nach entsprechender Ausbildung den Beruf des Arztes oder des Heilpraktikers ergreifen.

Man könnte sogar noch differenzierter vorgehen und vom

jeweiligen Krankheitssymptom auf die berufliche Befähigung schließen. So könnte der Nierenkranke ein hervorragender Partner- und Eheberater sein (Nieren sind paarig angelegt und von daher besteht ein Bezug zu Partnerschaft und Ehe), der Bandscheibengeschädigte gäbe einen guten Rechtsanwalt ab (Wirbelsäule und Knochengerüst geben dem Körper Halt, den Halt für Seele und Geist bildet der Normen- und Gesetzeskodex), und der chronisch Magenkranke könnte sich als Starkoch betätigen.

Oder: Greifen wir noch einmal das Problem der Armut auf. Nach diesem bipolaren Anlagenmodell kann der Arme nicht nur reich werden, sondern seine ausgebildete Anlage kann ihn auch zu einem guten Bankbeamten oder Finanzberater machen.

Hier drei Beispiele für deponierte Anlagen:

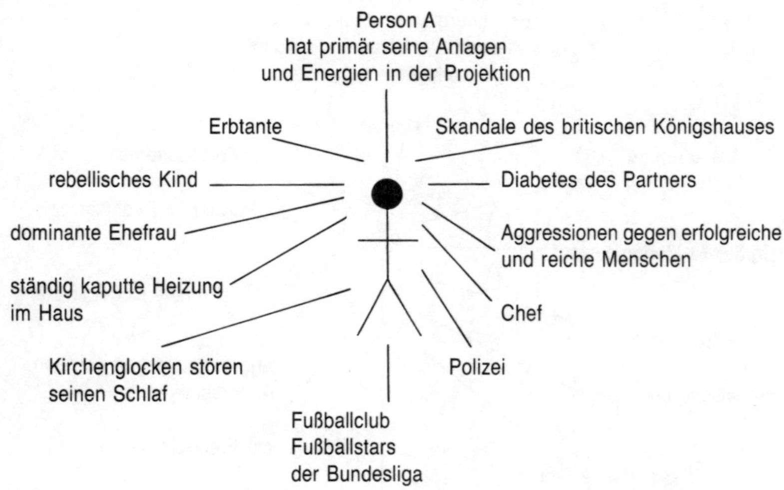

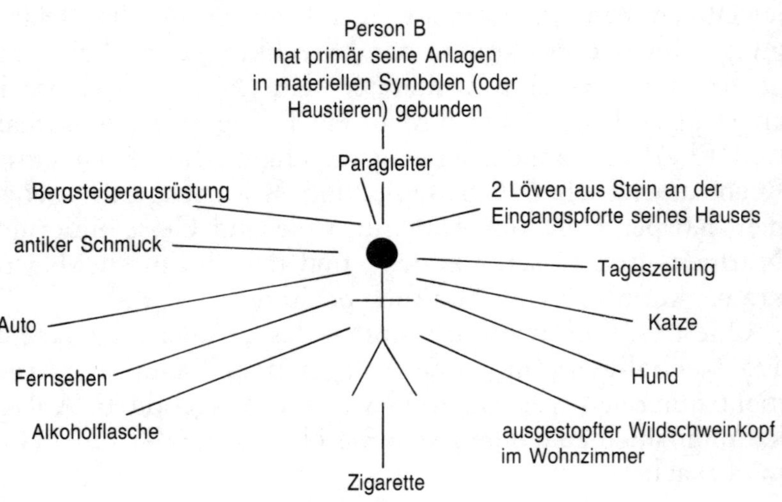
Person B
hat primär seine Anlagen
in materiellen Symbolen (oder
Haustieren) gebunden
Paragleiter
Bergsteigerausrüstung
2 Löwen aus Stein an der
Eingangspforte seines Hauses
antiker Schmuck
Tageszeitung
Auto
Katze
Fernsehen
Hund
Alkoholflasche
ausgestopfter Wildschweinkopf
im Wohnzimmer
Zigarette

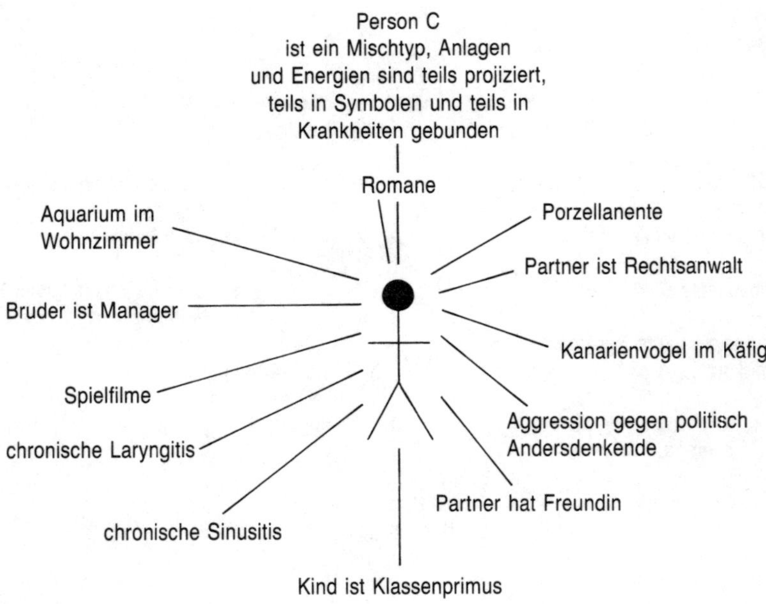
Person C
ist ein Mischtyp, Anlagen
und Energien sind teils projiziert,
teils in Symbolen und teils in
Krankheiten gebunden
Romane
Aquarium im
Wohnzimmer
Porzellanente
Partner ist Rechtsanwalt
Bruder ist Manager
Kanarienvogel im Käfig
Spielfilme
Aggression gegen politisch
Andersdenkende
chronische Laryngitis
Partner hat Freundin
chronische Sinusitis
Kind ist Klassenprimus

Man kann jedoch in bezug auf eigene uneingelöste Anlagen und Fähigkeiten auch noch ganz woanders fündig werden, nämlich dort, wo man sie am wenigsten vermutet: in den eigenen Konflikten und Schwierigkeiten in der Außenwelt.

Im Sinne der Erfolgskybernetik könnte man hier sagen: »Nenne mir Deine Konflikte und Belastungen und ich sage dir, welch wertvolle Anlagen sich dahinter verbergen.«

So kann etwa gerade das ständige Kindergeschrei zu Hause, das die wohlverdiente Ruhe und Erholung vom harten Arbeitstag raubt, oder das lästige Hundegebell in der Nachbarschaft die Widerspiegelung von eigenen unerlösten Anlagen sein. Da lärmt eine Anlage, macht sich bemerkbar, schreit, bellt in verzauberter Form.

Hier heißt es, die Symbolsprache des Schicksals zu verstehen: Bei dem Kind handelt es sich um eine eigene Schöpfung, um ein menschliches Wesen, das man mit Hilfe der Natur aus sich selbst heraus produziert hat. Der Hund, das Tier, das am meisten dressier- und programmierbar ist, steht symbolisch für den eigenen Lebensweg und für das eigene Programm. Das nervende Kindergeschrei kann also demnach etwas Unverwirklichtes darstellen, ein Produkt, das noch nicht auf den Markt geworfen wurde, oder eine Schöpfung, die im Unbewußten danach drängt, verwirklicht zu werden: etwa ein Bild, das noch nicht auf die Leinwand gebannt wurde, ein Lied, das noch nicht komponiert wurde, oder ein Buch, das noch nicht geschrieben ist, aber auch ein eigenes Geschäft, eine Firma oder ein selbständiges Unternehmen, das noch eröffnet oder gegründet werden muß. Hingegen weist Hundegebell auf eine gänzlich andere Anlage hin, nämlich auf die Notwendigkeit, die eigenen Pläne und Konzepte zu überprüfen. Hat der Betroffene sein Konzept in bezug auf Heim und Wohnung gefunden? Kann es sein, daß für ihn die Einfamilienhausgegend oder der Vorort nicht seinem Lebenstil entspricht, daß das Leben dort nicht seine ihm gemäße Wohnform darstellt?

Die Zeit ist das kostbarste Gut,
man kann sie für Geld nicht kaufen.
(jüdisches Sprichwort)

Konstruktive Zeitnutzung

Nachdem die eigenen bewußten und unbewußten Anlagen festgestellt wurden, heißt es zu analysieren, welche Anlagen für welche Ziele verwendet werden können.

Möchte jemand etwa ein guter Fachlehrer werden, erweist

es sich als günstig, seine Fachkompetenz zu stärken und zu erweitern, sein pädagogisches Geschick weiterzuentwickeln und seine Rhetorik zu schulen.

Bezüglich der Optimierung der eigenen Fähigkeiten oder auch der eigenen Rahmenbedingungen soll auf folgende Gesetzmäßigkeiten hingewiesen werden: Wer sich in seiner Wohnung nicht wohl fühlt und sich schönere und bessere Wohnverhältnisse wünscht, kann die Wahrscheinlichkeit, daß dieser Wunsch in Erfüllung geht, dadurch erhöhen, daß er das Beste aus seiner bisherigen Wohnung macht. Statt zu sagen, es rentiere sich bei der bisherigen Wohnung gar nicht, Zeit und Kraft zu investieren, erweist es sich vom Gesichtspunkt der Entwicklung aus gesehen als günstig, gerade diese Wohnung als Übungsfläche zu verwenden, um eigenen Inhalten die entsprechende Form zu geben.

Wenn es einem gelingt, etwa trotz des scheinbar ungünstigen Grundrisses oder trotz der Enge dem eigenen Geschmack Ausdruck zu verleihen und sich ein kuscheliges Heim zu schaffen, hat man dadurch eine höhere Frequenz der Anlage erreicht, die einem sowohl mehr Kraft und Zuversicht als auch in der Außenwelt die Affinität zu einer größeren und besseren Wohnung verleiht.

Im übertragenen Sinne ist diese Gesetzmäßigkeit auch auf das Berufsleben anwendbar. Wenn ein Verkäufer mit seiner beruflichen Tätigkeit nicht mehr zufrieden ist und einen sozialen Aufstieg anstrebt, ist es ungünstig, seinen Unmut an seinen Kollegen oder an den Kunden auszulassen, Widerstand zu leisten oder sich ständig aufzulehnen. Wenn er sich befreien will, wäre das Gegenteil angebracht:

Er muß zum besten Verkäufer avancieren, das heißt seine Kommunikationsfähigkeit verbessern, sein Fachwissen erweitern, sein Einfühlungsvermögen gegenüber Kunden, seine Freundlichkeit, sein Wohlwollen, seine Toleranz und sein Verständnis steigern, seine Liebe zu den Mitmenschen fördern. Wenn er auf diese Art und Weise ein höheres Niveau in seinen Anlagen erreicht hat und dadurch mehr Erfolgserlebnisse für sich verbuchen kann, spüren seine Mitmenschen, daß er das Zeug dazu hat, auch andere und höherwertige Aufgaben zu bewältigen. Er hat sich dann durch die Optimierung seiner Anlagen und Fähigkeiten die Affinität für neue berufliche Angebote und Aufgaben erarbeitet.

Da jedoch die Ausbildung von Fähigkeiten und Anlagen besonders zeitintensiv ist, ist es erforderlich, von bisherigen Zeitfehlinvestitionen Abstand zu nehmen und Zeitvergeudung zu vermeiden.

Jedem Menschen ist nur eine ganz begrenzte Lebenszeit beschieden, Zeit muß folglich auch mit Leben gleichgesetzt werden. Die meisten Menschen werfen ihre Zeit buchstäblich zum Fenster hinaus und begehen damit fast täglich Selbstmorde en miniature.

Wieder andere sind ständig beschäftigt, die Lebenszeit von anderen zu rauben durch das Erzählen von trivialen, langweiligen Geschichten, durch Berichte über ihre Haß- und Neidgefühle oder auch durch ständiges Missionieren mit lebensfremden Ideologien und Weltanschauungen.

Zeiträuber Nummer 1 stellt jedoch die Alltagsbewältigung dar, die meist mit einer Einhaltung einer Norm oder eines Ideals einhergeht.

Das Leben des Durchschnittsbürgers ist so eingerichtet, daß er kaum eine Minute konstruktiv für den Aufbau seines Lebens oder zum Erreichen eines Zieles investieren kann.

Wenn er etwa in einem Einfamilienhaus wohnt und glaubt, die gesellschaftlichen Normen einhalten zu müssen, ist er zu einem großen Teil seiner Freizeit damit beschäftigt. Er mäht den Rasen, schneidet Hecken und Bäume, gießt die Blumen, sät Pflanzen, fegt die Terrasse und führt Reparatur- und Renovierungsarbeiten im und am Haus durch.

Wenn er dann noch den herkömmlichen Lebensstil pflegt (Haushaltsführung, Essengehen, Anstandsbesuche, Haus-

tierhaltung, ständige Musikberieselung, allabendliches Fernsehen, »vorgeschriebene« Rollenspiele . . .), dann bleibt keine Zeit mehr, um zu analysieren, zu reflektieren, sich Ziele zu stecken und für sein Wohl und das Wohl der Allgemeinheit etwas zu tun.

Wie soll jemand, der vor allem solche Tätigkeiten verrichtet, jemals beruflich oder menschlich großen Erfolg ernten? Es ist ein aussichtsloses Unterfangen!

Im Grunde geht es darum, daß man entweder etwas Konstruktives arbeitet oder sich auf welche Weise auch immer ein schönes Leben macht, daß man sich erholt, sich vergnügt und das Leben in vollen Zügen genießt. Alles andere – wie z.B. die Bewältigung des Alltags oder Autofahrten, um

Besorgungen zu tätigen – ist nur ein notwendiges Übel. Der Zeitaufwand hierfür sollte möglichst gering gehalten werden.

Dadurch, daß der Großteil der Menschen ihre Lebenszeit für Trivialitäten, Normen, Ideale, Zwänge und Konventionen vergeuden, ist es sehr einfach, bereits in kurzer Zeit aus der Masse herauszuragen und erfolgreich zu werden.

Wer nur ein Jahr lang seine Zeitverluste einschränkt und seine Lebenszeit konstruktiv nutzt, hat die breite Masse in bezug auf seelische und geistige Entwicklung weit hinter sich gelassen. Wenn man bedenkt, daß der Durchschnittsbürger täglich drei Stunden fernsieht und somit umgerechnet auf 30 Jahre 32.850 Stunden (= : 12 = 2.737 Tage (ohne Nächte) = über 7 Jahre) seine Lebenszeit vergeudet, so ist diese Feststellung nicht mehr so verwunderlich.

Um zu einer effektiven Zeit- bzw. Lebensnutzung zu kommen, ist es erforderlich, eine Bestandsaufnahme der eigenen Zeitstrukturierung zunächst für eine Woche vorzunehmen. Dabei sind folgende Fragen sinnvoll:

- Wieviel Lebenszeit und Energie verwende ich für die verschiedenen Bereiche meines Lebens?
- Habe ich dabei die Prioritäten so gesetzt, daß ich mich damit wohl fühle?
- Wie könnte ich Zeit einsparen, um sie für Ziele zu verwenden, die mir persönlich wichtig sind?

Bei einer angenommenen achtstündigen Schlafenszeit stehen dem einzelnen 16 Stunden Lebenszeit pro Tag zur Verfügung, das macht in sieben Tagen 112 Stunden.

Die schematische Darstellung auf Seite 169 zeigt die grobe Zeitstrukturierung von Marcel S., einem 37jährigen Single,

Wöchentliche Zeitstrukurierung von Marcel S.:

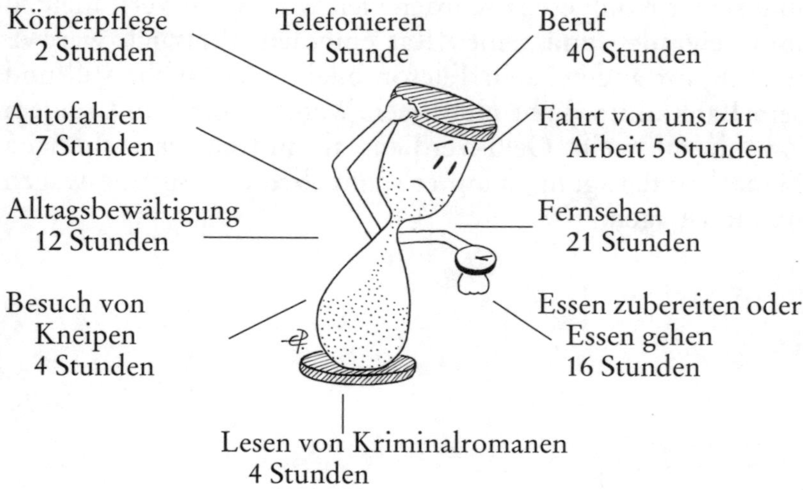

der mit seinem Beruf, ja mit seinem Leben schlechthin sehr unzufrieden war und sich mehr Erfolg und Lebensfreude wünschte.

Wir sehen, Marcel S. verzettelt sich auf den verschiedensten Gebieten, lebt – von wenigen Ausnahmen abgesehen – nur noch auf einem Nebenfeld des Seins, setzt seine Lebensenergien ineffektiv ein und kann so nie die angenehmen und schönen Dinge des Lebens ernten, die er sich im stillen so sehr ersehnt.

Würde er sich zum Beispiel täglich wenigstens auf der halbstündigen S- oder U-Bahnfahrt zur oder von der Arbeitsstelle mit einem Thema, das ihn interessiert, per Fachliteratur oder eigenen Reflexionen auseinandersetzen, wären das in einem Jahr bereits über 210 Stunden.

In fünf Jahren wäre er auf diesem Lebensgebiet bereits so

kompetent, daß er damit beginnen könnte, sich beruflich ein zweites Standbein aufzubauen. Aufgrund seines Wissens und seiner Kompetenz würden viele Menschen Vertrauen zu ihm gewinnen und seinen Rat einholen. Plötzlich wäre er wichtig für andere, sein Telefon bliebe nicht mehr still und sein Bankkonto nicht mehr leer. Wenn er dann mit seinem Zweitberuf mehr Geld verdient als mit seiner bisherigen Hauptbeschäftigung, kann er schließlich den Sprung wagen und umsteigen.

Den entscheidenden persönlichen Erfolgsfaktor bestimmen

(Nicht der Suchende, sondern der Gesuchte sein)

Wer auf welchem Gebiet auch immer die dazu erforderlichen Anlagen differenziert und optimal ausbildet, und sie effektvoll zu investieren vermag, ist nicht mehr fern davon, eins der wichtigsten Ziele der Erfolgskybernetik zu erreichen: **Nicht mehr der Suchende zu sein, sondern der Gesuchte.**

Denn dies ist das Problem der breiten Masse der Arbeitssuchenden, der Partnersuchenden, der Wohnungssuchenden, ja aller Suchenden schlechthin, daß sie den Erfolgsmechanismus des Lebens nicht erkannt haben. Der Suchende ist so gut wie immer in der schlechteren Position. So muß er etwa um einen Arbeitsplatz bitten und betteln, muß das »Glück« haben – und das ist oft das einzige Glück im Leben des Durchschnittsbürgers –, daß er gegenüber vielen anderen Bewerbern den Vorzug erhält. Er muß dankbar sein, daß man ihn genommen hat und kann kaum Ansprüche stellen, sondern muß ohne Murren das nehmen, was ihm angeboten wird. Und er muß so tun, als ob ihn diese Arbeit interessieren würde, er muß den Stellenplan erfüllen und sich anpassen. Wer »erfolgreich« sein will, muß so tun, als ob er für all das, was von ihm gefordert wird, genau geschaffen wäre, als ob dieser Arbeitsplatz genau auf ihn zugeschnitten wäre. In Wirklichkeit ist es jedoch meist so, daß seine wirklichen Anlagen und Talente dort kaum zum Tragen kommen. Deshalb wird in der Erfolgskybernetik das alte Denken umprogrammiert: Weg von der konventionellen Taktik, sich in eine lange Schlange von Suchern einzureihen und zu hoffen, daß man

»genommen« wird – hin zu einer neuen Lebensstrategie, die bewirkt, daß man der Gesuchte ist – so sehr gesucht, daß man bildlich gesprochen kaum noch die Tür zubekommt, weil draußen eine Menge von Menschen gierig nach einem zu greifen versucht.

Richtig, lieber Leser! Sie haben es erkannt, die Menge da draußen vor der Tür, das sind all die vielen Suchenden, das sind die Menschen, zu denen sie vielleicht früher auch gehört haben. Diese Menschen wollen etwas von Ihnen, sie begehren eine Ihrer Anlagen, eine Ihrer Fähigkeiten oder wollen ein Produkt, das Sie anbieten oder verkaufen. Sie haben etwas, was andere haben wollen.

Also geht es darum, daß Sie auf die Habenseite des Lebens kommen; denn – das ist der immer wieder erscheinende Tenor dieses Buches: Wer hat, dem wird gegeben. Und wer nicht hat oder wenig hat, bzw. zuwenig anbietet, der muß suchen.

Nennen wir die brutale Wirklichkeit beim Namen: Der Suchende ist immer in einer (seelisch) masochistischen Rolle, der Gesuchte kann – wenn er will – den (seelischen) Sadisten spielen.

Letzterer kann aus einer Position der Macht heraus operieren, er hat die freie Wahl unter all den Suchenden und kann bestimmen, wer ihm gefällt. Er kann aber auch einen Suchenden zuerst auswählen, ihn aber dann fallen lassen, er kann Suchende gegeneinander ausspielen etc. Kurzum: Er ist der Macher, nämlich der, der über Wohl und Wehe, also über das Schicksal des Suchenden bestimmt.

Wenn der Suchende »Glück« hat, nimmt ihn der Machthaber, wenn er Pech hat, wird er von ihm abgelehnt (er erhält einen ablehnenden Bescheid) und es bleibt ihm nichts anderes übrig, als nicht zu verzagen und weiterzusuchen. Bei dieser Suche heißt es nun einmal innezuhalten und sich zu überlegen, wie man das ändern könnte.

Vielleicht haben Sie schon mal jemanden gesehen, der sich

einen sogenannten Bauchladen umgehängt hat und in Kinos oder bei Sportveranstaltungen Zigaretten, Süßigkeiten oder Eis verkauft hat. Er bietet spezifische Produkte an, die von anderen Menschen gebraucht werden. Genauso muß derjenige vorgehen, der den Pol vom Sucher zum Gesuchten wechseln will. Er muß sichtbar mit seiner Anlage, seiner Fähigkeit, seinem Talent oder seinen Produkten in der Öffentlichkeit auftauchen. Und es müssen Anlagen oder Produkte sein, die gefragt sind, die seine Mitmenschen dringend benötigen. Überall gilt das marktwirtschaftliche Gesetz von Angebot und Nachfrage. Je besser das eigene Angebot, das unterbreitet wird, um so größer die Nachfrage.

Doch eine Anlage oder ein Produkt zu haben ist eine Sache, es auch anbieten bzw. anpreisen zu können, eine andere.

Es gibt viele Menschen, die eine oder mehrere hervorragende Anlagen zur Verfügung haben, sich aber nicht richtig verkaufen können, und dann gibt es andere, die ihr Anlagenpotential kaum entwickelt haben, aber das wenige, das vorhanden ist, in solchem Licht erstrahlen lassen können, daß die Mitmenschen davon geblendet werden und den Betreffenden für kompetenter halten als den, der tatsächlich Substanz aufweist. Es muß also beides zusammenkommen, um erfolgreich zu werden: die differenziert ausgebildete Anlage bzw. das ausgereifte, gute Produkt, und die Fähigkeit, das eigene Potential entsprechend anzupreisen und zu verkaufen.

Wer nur die Anlage oder das Produkt zur Verfügung hat, bleibt in der Versenkung, wer nur gut die Werbetrommel rühren kann, aber kaum Inhalte oder Substanz aufweist, bleibt langfristig gesehen auch auf der Strecke.

Doch selbst wenn beide Talente vorhanden sind, bleibt trotzdem oft noch ein Erfolg im größeren Rahmen aus; denn oft müssen beim Erfolg noch weitere Faktoren hinzutreten.

Wenn Erfolg also multikausal bedingt ist, so kann es doch nicht genügen, nur positiv zu denken oder sich via Affirmationen oder Suggestionen hierfür bereit zu machen. Ein Faktor allein ist – um den Erfolgsmechanismus in Gang zu setzen – meistens nicht ausreichend. Eine solch isolierte Maßnahme wäre damit vergleichbar, wenn jemand Vitamin E in hohen Dosen konsumiert, ohne die Wechselwirkungen mit anderen Vitaminen und mit den verschiedenen Mineralstoffen in Betracht zu ziehen und ohne zu beachten, daß dieses Vitamin nur fettlöslich und zu seiner Resorption Gallenfluß nötig ist.

Beim Erfolg müssen also mehrere Faktoren gleichzeitig zusammenwirken. Ein Ofen erfüllt erst dann seinen Zweck, beginnt erst dann wohlige Wärme zu spenden, wenn zwei weitere Faktoren dazukommen: Holz und Feuer. Auch wenn zwei dieser drei Faktoren vorhanden sind, können sie noch nicht diesen Effekt erzielen. Weder Ofen und Feuer, noch Ofen und Holz, noch Holz und Feuer allein können dies bewirken. Hinzu kommen muß zwangsläufig der dritte Faktor, erst dieser fungiert als Zündfunke bzw. macht das System komplett. Nicht anders verhält es sich beim Erfolg. Obwohl zwei oder drei richtige Maßnahmen oder Veränderungen durchgeführt worden sind, bleibt oft der Erfolg aus, weil noch ein entscheidender zusätzlicher Faktor fehlt, der den Erfolg erst möglich macht.

Oberste Priorität in den Erfolgskybernetikseminaren ist es daher, daß der Teilnehmer nicht einfach nur die Gesetze des Erfolges erlernt und erfährt, auf welche Weise andere erfolgreich geworden sind, sondern, daß er imstande ist, sein ureigenes Erfolgsprogramm zusammenzustellen. Er soll befähigt werden, mosaiksteinartig seinen Erfolg zusammenzusetzen, ihn zuerst zu planen und zu gestalten, um dann dieses Konzept in der Praxis zu verwirklichen. Und es gilt für ihn seinen **individuellen** Erfolgsfaktor zu finden, der das ausschlaggebende Moment für seinen Erfolg ist. Dieser Erfolgsfaktor ist vergleichbar mit einem krankheits- oder gesundheitsauslösenden Faktor. Wenn jemand z.B. raucht, unmäßig Alkohol trinkt, und in seiner Wohnung starken toxischen Einflüssen

ausgesetzt ist, so ist das vielleicht noch nicht ausreichend, um zu erkranken. Kommt aber noch schlechte Ernährung hinzu oder eine ungewöhnliche psychische Belastung, sieht die Situation ganz anders aus. Umgekehrt kann jemand, der an einer chronischen Krankheit erkrankt ist, schon sehr viel für seine Gesundheit getan haben, ohne daß eine Besserung seines Befindens eintrat. Er hat vielleicht schon einige Therapien hinter sich, seine Ernährung umgestellt, oder seinen Freiraum erweitert und noch immer ist der Bann nicht gebrochen. Wenn er zusätzlich noch seine alten Gefühlsraster löscht und seine Finanzen saniert, ist das dem Unbewußten zu viel des Guten und es gibt den entscheidenden Impuls dazu, daß es ihm wieder besser geht. Hätte der Kranke allerdings ausschließlich nur seine Gefühle umgepolt und seine Finanzen saniert, wäre dieser Effekt sicher nicht eingetreten.

Genauso verhält es sich mit dem Erfolg. Was haben manche Seminarteilnehmer nicht schon alles vorher getan, um erfolgreich zu werden! Bei vielen fehlt es sicher nicht an Ideen, nicht an Wissen, nicht an Engagement, nicht an Durchhaltevermögen ... Es fehlt einfach am nötigen persönlichen Erfolgsfaktor, der oft erst in mühevoller Analyse evident wird. Es muß erst noch irgendeine Anlage, irgendeine Vorgehensweise, irgendeine Maßnahme hinzutreten, um die Erfolgsrakete endlich zünden zu können. Der eine muß seine Werbestrategie verändern, ein anderer hat die Aufgabe, seinen falschen Ansatz zu berichtigen, ein Dritter muß mehr auf die Bedürfnisse seiner Kunden eingehen, wieder ein anderer muß zuerst lernen, seine Mitarbeiter zu motivieren ... Es heißt also die Frage aufzuwerfen: Was ist mein persönlicher Erfolgsfaktor? Wer hier betriebsblind ist, kann Freunde oder Bekannte um deren Meinung fragen. Vielleicht fällt einem von ihnen ja etwas dazu ein. Dieser Erfolgsfaktor ist Bestandteil eines synergetischen Zusammenhangs.

Als Synergie wird das Zusammenwirken verschiedener Kräfte, Faktoren oder Organe zu einer Gesamtleistung bezeichnet. Synergie nennt man den dynamischen Prozeß, der in Gang kommt, wenn das Zusammenwirken zweier oder mehrerer Kräfte eine bessere oder größere Leistung zustandebringt, als sie durch die Summe der getrennt wirkenden Kräfte erzielt werden könnte. Es ist ein Prozeß, bei dem das Ganze einen größeren Wert hat als die Addition der Einzelteile, die dabei gleichzeitig ihre Individualität behalten. Man kann z.B. einen einzelnen Beinmuskel gesondert bewegen, wenn man jedoch alle Beinmuskeln gleichzeitig bewegt, kann man gehen oder laufen. Synergie ist laut den Anthropologen

Nena und George O'Neill die Nutzbarmachung des positiven Feedbacks als System für die Erzeugung weiteren Wachstums.

Fazit:

Die Erfolgskybernetik zeigt auf, wie es gelingen kann, daß man nicht mehr suchen muß nach dem idealen Arbeitsplatz, dem liebevollen Partner oder nach der Wohnung, in der man sich geborgen fühlen kann, sondern wie man endlich findet.

Man muß sich noch einmal vor Augen führen: Als Suchender kann man nur schwer finden, ganz einfach deshalb, weil man zuerst sich selbst finden und anbieten muß. Dann erst kann der einzelne auch in der Außenwelt das finden, was ihm gemäß ist und womit er sich wohlfühlt. Er findet nun nicht mehr, weil er sucht, sondern weil er dazu eine Affinität hat und durch sein Angebot zum **Gesuchten** wird.

Kein Wind kann den begünstigen,
der keinen Zielhafen hat.

Eigene Wege gehen und eigene Ziele setzen

Jeder Mensch braucht einen eigenen Weg und eigene Ziele. Die meisten Arbeitnehmer jedoch sind damit beschäftigt, an der Realisierung der Wege und Ziele anderer Menschen mitzuhelfen. Sie erfahren damit ihre eigenen Lebensprinzipien »Weg« und »Ziel« zunächst in der Projektion.

Auf diese Art und Weise kann der einzelne erkennen und lernen, wie man Lebensprogramme und -ziele an sich verwirklicht, und kann diese Lebensprinzipien dadurch mehr und mehr integrieren.

Die schwierigste Hürde für jeden, der sich selbständig machen und ein eigenes Unternehmen oder ein eigenes Geschäft gründen will, besteht immer darin, die Prinzipien, die er vorher als Arbeiter oder Angestellter außen vorfand, nun innerlich für sich selbst verfügbar zu machen, das heißt seine Zeit selbst einzuteilen und nicht alles schleifen zu lassen.

Er muß anfangs, solange er die Situation noch nicht gewohnt ist, hart gegenüber sich selbst sein und eine neue Struktur in sein Leben bringen.

Sein großer Vorteil: Er muß nicht mehr nur noch auf Vorgegebenes reagieren, sondern kann nun selbst seine Arbeit bestimmen und dem Unternehmen seinen persönlichen Stempel aufdrücken. Er kann nunmehr bestimmen, wer mit ihm zusammenarbeiten soll, wie das Büro eingerichtet wird, welche Geräte angeschafft werden, kurzum, welche Ziele verfolgt werden. Er ist für Erfolg und Mißerfolg selbst verantwortlich.

Erfolgsblockaden analysieren und beheben

Ein Motto der Erfolgskybernetik heißt: Mit weniger Aufwand mehr Effizienz erreichen! Es geht darum, die vorhandene Energie so zu kanalisieren, daß ein Optimum an Wirkung, Leistung und Qualität erreicht wird. Ein anderer Leitspruch lautet: Arbeit darf Spaß machen!

Bei vielen Menschen wirken im Unbewußten immer noch Maximen, die schon unseren Vorfahren das Leben vergällt haben. Dazu gehören: »Im Schweiße Deines Angesichts sollst Du Dein Brot verdienen!« »Ora et labora!« »Müßiggang ist aller Laster Anfang!« Insofern glaubt das Unbewußte: Arbeit muß widerwärtig und mühevoll sein oder Überwindung kosten, und nur dann hat man den entsprechenden Lohn verdient. Verdienen kommt von Dienen, man verdient also nur etwas, wenn man sich anpaßt, sich unterordnet, sich selbst verleugnet, gehorsam und den Chefs und Machthabern zu Diensten ist. Der Verdienst reicht in der Regel nur dazu, daß man den Lebensunterhalt bestreiten kann, daß man sein Auskommen hat, aber ein Einkommen im Sinne eines echten Gewinns – daß also tatsächlich nach Abzug aller Lebenshaltungskosten noch ein paar tausend Mark übrigbleiben – hat kaum jemand aufzuweisen.

Das Unbewußte der gesellschaftlichen Unter- und Mittelschicht ist primär so konditioniert und programmiert worden, daß eine Arbeit, die Spaß macht und bei der man noch dazu überdurchschnittlich viel Geld verdient, als suspekt erscheint.

Nicht nur, daß sich ein solches Glück kaum jemand zugesteht, man glaubt auch, es gäbe dabei irgendeinen Haken oder es handle sich gar um einen Betrug, den man nur eben jetzt noch nicht durchschauen könne. Zumindest müsse man sich dann schuldig fühlen in Anbetracht der Mühsal und Plage der auf herkömmliche Weise arbeitenden Bevölkerung.

In Wirklichkeit kann jedoch nur derjenige eine optimale Leistung erzielen, der an seiner Arbeit Freude hat, der darin seine Talente und Fähigkeiten entfalten kann, der das Gefühl hat, am richtigen Platz zu sein, der kompetent ist, der weiß, dort hat er seine Domäne, dort macht ihm niemand ein X für ein U vor.

Doch nur wenige Menschen können einen solchen Erfolg für sich verbuchen, weil meistens der eigene Lebenspartner, die Bekannten und Verwandten, die Freunde und Arbeitskollegen dies (unbewußt) zu verhindern suchen – entweder, indem sie den Betreffenden entmutigen und erklären, wenn alles so leicht ginge, hätten auch andere vor ihm das sicher schon gemacht, oder indem sie ihn vom Wesentlichen abhalten und ihn zu unwesentlichen Dingen verführen.

Deshalb ist es oberstes Gebot für denjenigen, der mehr Erfolg und Glück im Leben erreichen will, nicht die nach ihrer Meinung zu fragen, die im Schatten stehen, sondern mehr Kontakte zu solchen Menschen zu knüpfen, die es »geschafft« haben.

Viele erfolgreiche, höchst zufriedene Menschen berichten immer wieder von dem Phänomen, daß sie noch nie von irgend jemandem aus ihrem Bekannten- oder Verwandtenkreis gefragt wurden, warum sie beruflich soviel Erfolg ernten, warum ihre Partnerschaft schon so lange glücklich verläuft oder warum sie sich seit Jahren so guter Gesundheit erfreuen. Fast niemand von all den Erfolglosen, Einsamen und Kranken will diesem Geheimnis auf die Spur kommen! Kaum jemand will die Gesetze des Erfolges, des Glücks und der Gesundheit kennenlernen! Lieber jammert man über Mißgeschicke, über die bösen Männer bzw. Frauen oder über Krankheiten und versucht, den Mitmenschen in die Rolle des Mitleidspenders zu drängen, anstatt sich mit den Erfolgsmechanismen und Gesetzmäßigkeiten zu befassen!

So, wie es für einen Schmetterling müßig wäre, den Larven und den Puppen die verschiedenen Flugtechniken zu erklären (obwohl in den Vorstadien Larve und Puppe die Fähigkeit zum Fliegen bereits latent vorhanden ist), so wäre es für einen Menschen mit sprühenden Ideen kontraindiziert, davon seinem gesamten Umfeld zu berichten, da viele Mitmenschen noch in der Entwicklungsphase stecken, in der sämtliche Erfolgsmöglichkeiten innen und außen abgewehrt werden müssen. Die Wahrscheinlichkeit ist groß, daß sie die Ideen als banal, trivial, verschroben, unvernünftig, utopisch, spleenig oder gar als krank apostrophieren und damit die Kreativität und den Elan des vormals Hoffnungsvollen stoppen oder gar zunichte machen.

Der amerikanische Philosoph Prentice Mulford meint hierzu: »Von Deinen Unternehmungen, Deinen Plänen und Hoffnungen sprich nur zu solchen, von denen Du ganz sicher bist, daß sie Dir Erfolg wünschen. Sprich nie zu Leuten, die Dir aus bloßer Höflichkeit zuhören; jedes Wort, das Du sagst, bedeutet eine Kraft, die Du Deinem Unternehmen entziehst. Die Zahl der Menschen, denen Du Dich mit Erfolg anvertrauen kannst, ist äußerst gering. Aber der gütige Wunsch eines einzigen Freundes, der Dir nur zehn Minuten mit aufrichtigem Interesse zuhört, ist eine wirkliche, lebendige, hilfreiche Macht, um von nun ab an Deiner Seite zu Deinem Heile fortzuwirken.«

Fragen zum Thema »Erfolgsfähigkeit«

1. Was verstehe ich unter Erfolg?
2. Welche Defizite in meinem Persönlichkeitssystem fungieren als Erfolgsblockaden?
3. Könnte es sein, daß ich in meinem Unbewußten alte Maßstäbe, Normen und Ängste beherberge, die meinen persönlichen Erfolg verhindern?
4. Welche Talente und Fähigkeiten sind verfügbar?
5. Welche Talente und Fähigkeiten, die bisher latent waren, könnten aktiviert werden?
6. Welche Anlagen und Talente könnten noch weiter ausgebaut und differenziert werden?
7. Habe ich Anlagen auf andere Personen oder auf materielle Gegenstände projiziert? Wo sind solche Anlagen deponiert worden?
8. Könnte es sein, daß die Addition meiner verschiedenen Stärken ein neues Berufsbild ergibt?
9. Gelingt es mir, mein Leben auf den mir wichtigen Lebensgebieten optimal zu gestalten?
10. Gelingt es mir, Schritt für Schritt auf meinem persönlichen Lebensweg voranzukommen und eigene Ziele zu verwirklichen?
11. Auf welche Weise könnte ich neue Einkommensquellen erschließen?
12. Habe ich die Fähigkeit entwickelt, Wichtiges von Unwichtigem zu unterscheiden und meine Zeit konstruktiv zu nutzen?
13. Wodurch entstanden meine bisherige Erfolge?
14. Welche Personen in meinem Umfeld stehen meinem Vorhaben förderlich und welche eher hemmend gegenüber?
15. Wem darf ich mich anvertrauen und wem besser nicht?

Blumen des Glücks mußt du selber pflanzen.

Zum Gestalter des eigenen Schicksals werden

Im Grunde genommen ist alles klar: Es heißt sein Leben so einzurichten, daß man sich rundum wohlfühlt. Dazu muß man sich oft das eigene Leben in Raubrittermanier zurückerobern, das einem die anderen – bewußt oder unbewußt – genommen haben.

Um dies bewerkstelligen zu können, muß man jedoch zuerst wissen, wo bzw. bei wem die eigenen Persönlichkeitsanteile deponiert sind und wieso es zu einer solchen Abgabe des eigenen Lebens kommen konnte.

Bei den meisten Menschen ist das eigene Leben in den Projektionen auf andere Menschen im unmittelbaren Umfeld (z.B. daß die Tochter Fotomodell wird), in den Projektionen auf Film-, Schlager- und Sportstars oder in den Projektionen anderer gebunden (z.B. ein Ehemann erwartet von seiner Frau, daß diese perfekt die Mutterrolle einzunehmen weiß).

Einige geben ihr Selbst aber auch am Fabriktor, bei ihrer Firma oder bei der Institution, in der sie arbeiten, ab.

Anstatt auf andere zu projizieren oder Träger der verschiedensten Projektionen anderer Menschen zu sein, ist es für die eigene Lebendigkeit und für die eigene Lebensqualität sehr viel günstiger, selbst sein Leben zu gestalten und eigene Projekte zu verwirklichen.

Projekte des eigenen Lebens bzw. des eigenen Selbst können sein:

die Gründung einer eigenen Firma

das Eröffnen eines eigenen Geschäftes
der Bau eines Hauses, das dem eigenen Geschmack und den eigenen Bedürfnissen entspricht
das Einrichten einer Wohnung
die Entwicklung eines Produktes
das Gründen einer Bürgerinitiative
der Besuch einer Schule oder die Teilnahme an einer Ausbildung
die Bildung eines Gesprächskreises
das Malen eines Bildes
das Komponieren eines Musikstücks
das Schreiben eines Buches
die Durchführung eines Forschungsprojektes
usw.

Wenn man sich nicht mehr von anderen kolonialisieren lassen, sondern sein Leben selbst gestalten will, dann ist es wichtig

- das Drehbuch des eigenen Lebens selbst zu schreiben, also sein eigener Drehbuchautor zu werden,
- im eigenen Leben Regie zu führen, also Regisseur des eigenen Lebens zu werden,
- Verantwortung auf allen Lebensgebieten zu übernehmen und nicht einfach nur die Fachleute agieren zu lassen, in der Hoffnung, daß jene es schon richtig machen werden, all das umzusetzen und zu verwirklichen, was an Vorstellungen, Wünschen und Träumen vorhanden ist,
- zu agieren statt stets nur zu reagieren,
- sich unabhängig zu machen,
- auf den verschiedensten Lebensgebieten ein eigenes Konzept zu kreieren,
- eigene Ziele anzupeilen,
- eigene Anlagen und Fähigkeiten auszubilden und einzusetzen.

Um von der Fremdbestimmung zur Selbstbestimmung zu kommen, um das Projekt »eigenes Leben« erfolgreich gestalten zu können, müssen strategische Maßnahmen ergriffen werden. Der Lebensgestalter hat dabei verschiedene Möglichkeiten:

verändern
austauschen
weglassen
umwandeln
hinzufügen.

Verändern

All das, was bisher nur negatives Schicksal oder Krankheit eingebracht hat, muß verändert werden.

Zunächst gilt es, die Ursachen hierfür zu analysieren. Dabei darf auch vor eigenen liebgewonnenen Verhaltensweisen oder Einstellungen nicht haltgemacht werden. Es heißt, sich zu fragen: Was haben mir meine Hysterieanfälle, meine ständigen Nörgeleien, meine Jammerei, meine neurotischen Spielchen, mein Streben nach Macht und Dominanz oder mein Ärger, mein Haß oder meine Schuldgefühle eingebracht?

Denn bevor im äußeren Bezugsrahmen Veränderungen vorgenommen werden können, müssen zuerst innere Veränderungen vorgenommen werden, sonst ist jede äußere Veränderung falsch, nur von kurzer Dauer, »dasselbe in grün« oder zeitigt noch schlechtere Ergebnisse.

Ein Beispiel: Ein Unternehmer offenbarte gegenüber seiner Sekretärin zuviel von seinem Privatleben, was letztere ausnutzte. Dadurch geriet er in mißliche Lagen und entschloß sich daraufhin, die Sekretärin zu entlassen. Da er jedoch glaubte, es läge nur an der mangelnden Diskretion und Integrität seiner Mitarbeiterin und nicht auch an ihm selbst, erlebte er mit der nächsten Sekretärin dasselbe Desaster. Erst als er bereit war, auch sein Fehlverhalten zu verändern, bekam er eine gute Sekretärin, die sich fair und loyal ihm gegenüber verhielt.

Es muß also immer vorher ein Bewußtwerdungsprozeß sowie ein Entwicklungs- und Reifungsprozeß absolviert werden, bevor eine Veränderung von Erfolg gekrönt sein kann.

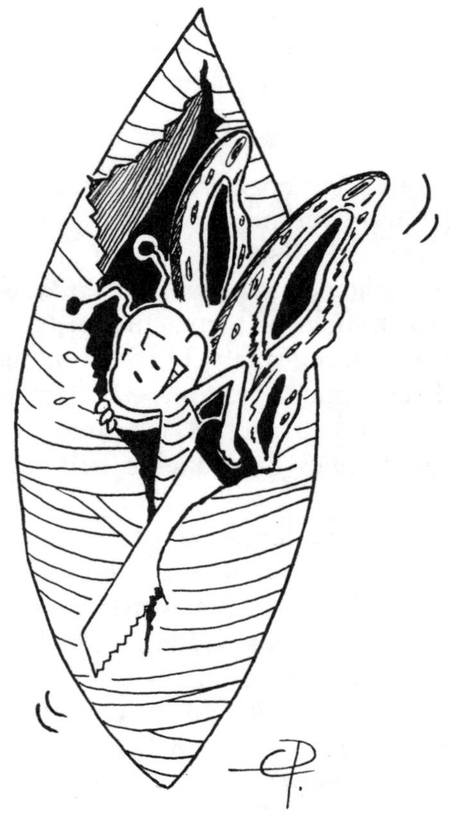

Das ist auch die Antwort auf die viel gestellte Frage: Wann muß ich mich mit einer ungünstigen Situation (z.B. in einer Ehe oder in einem Arbeitsverhältnis) auseinandersetzen und sie zu meistern versuchen, und wann muß ich die ungünstige Situation beenden und etwas Neues beginnen?

Oder anders formuliert: Wann habe ich mir psychisch die Affinität zu einer besseren Situation erarbeitet, und wann erliege ich der Illusion, daß durch eine Veränderung, durch einen Wechsel oder durch eine Flucht sich alles zum Guten wenden könnte?

Austauschen

Wenn man eruiert hat, wodurch all die Mißlichkeiten entstanden sind und welchen Beitrag man dazu geleistet hat, und wenn man willens ist, dieselben Fehler nicht mehr zu wiederholen, kann man dazu übergehen, all das, was einem nicht behagt und ungute Gefühle auslöst, auszutauschen gegen etwas, mit dem man sich wohlfühlt, was eine gute Stimmung erzeugt oder mehr Liebe, mehr Glück, mehr Freiheit, mehr Effizienz oder auch mehr Geld einbringt. Richtmaß für den Austausch ist immer die eigene Identität. Dabei sollte man sich in Erinnerung rufen: Identitätsfindung und Verwirklichung der eigenen Identität bedeutet positives Schicksal, Selbstverfehlung negatives Schicksal.

Es gilt also, so lange in seinem Leben Austauschmaßnahmen durchzuführen, bis alles, was einen umgibt, stimmig ist mit dem, was innen an Substanz, Gefühl oder Idee vorhanden ist.

Das bedeutet, daß man etwa

- eine schlechte Wohnung durch eine bessere ersetzt
- einen Partner, der einem nicht guttut, gegen einen anderen, der besser paßt, austauscht
- eine Hausangestellte, die eine unangenehme Stimmung verbreitet, durch eine liebevollere und fürsorglichere ersetzt
- einen Arbeitsplatz, der belastend und streßreich ist, gegen einen austauscht, der Freude macht und den eigenen Anlagen entspricht

usw.

Wenn das alles nur so einfach wäre, dann hätte ich das längst schon gemacht, wird nun mancher einwenden.

Zugegeben, es sind einige Bemühungen erforderlich und man muß einiges an Biß an den Tag legen, um dies alles bewerkstelligen zu können. Zuerst die innere *Disposition* für ein negatives Schicksal zu löschen und dann zusätzlich noch die nötige Kraft aufzubringen, um etwas Neues und Besseres zu finden, ist kein leichtes Unterfangen.

Aber – das ist sicher – es kostet trotzdem wesentlich weniger Energie als in der alten Situation zu verharren. Die falsche Wohnung, der falsche Partner oder der falsche Job – dies alles produziert Krankheits- und Schicksalssymptome am laufenden Band, und man kommt schließlich kaum noch nach, all diese Symptome zu bekämpfen, denn auch sie stellen wieder Ursachen für neue Symptome dar, die aufs neue zu beseitigen sind. Sisyphus läßt grüßen!

Treten Sie aus aus dem Club der Wartenden, in dem so viele von uns seit Jahrzehnten eingeschriebene Mitglieder sind! Das Leben ist zu kurz, um darin auf irgend etwas oder gar auf ein Wunder warten zu können!

Wer wartet und hofft, daß alles besser wird, bei dem wird häufig alles noch schlechter, weil das Schicksal dann all das Verdrängte, das Nichtgelebte präsentiert, und das ist leider meistens nicht so angenehm.

Also packen wir es an!

Wenn wir eine schlechte Wohnung gegen eine bessere austauschen wollen, gilt es eben, einen Generalangriff zu starten, die Wohnungsangebote in den verschiedenen Zeitschriften zu sortieren, viele Telefonate zu führen, um eine Vorauswahl zu treffen und schließlich an einem Wochenende 20 bis 30 Wohnungen zu besichtigen. Und wenn da noch keine passende dabei ist, dasselbe so lange zu wiederholen, bis das gesuchte Juwel gefunden wird.

Eine ähnliche Vorgehensweise ist angezeigt, wenn es darum geht, einen neuen Partner zu finden. Eine unter vielen

Möglichkeiten ist folgende: Als Mann spricht man etwa in der Fußgängerzone einer Großstadt verschiedene Frauen an – natürlich auf anständige und humorvolle Art und Weise – und überläßt dabei seine Visitenkarte mit der Bitte, doch mal anzurufen. Als Frau ist diese Vorgehensweise noch nicht so etabliert, deshalb muß hier mit einer anderen Taktik gearbeitet werden. Sie geht dorthin, wo Männer sind – auf den Fußballplatz, auf den Tennisplatz, an die Börse oder in ein Managementseminar etc. Sie kann durch Blicke die Männer, die ihr gefallen, auffordern, sie anzusprechen. Und auch sie wird sich über mangelnde Auswahlmöglichkeiten kaum beklagen können.

Nun kommt sicher der Einwand, daß man einen Partner nicht einfach so austauschen kann wie eine Wohnung oder ein Auto. Man wird von Egoismus und von Inhumanität sprechen, und wer da nicht wirklich seelisch und geistig sicher ist, wird dann wieder umfallen und voller Reue eingestehen: »Ja, das ist richtig, das kann man nicht machen. Das ist nicht niveauvoll, das ist kein guter Stil!«

Doch ist hier die Frage aufzuwerfen: Sind die ständigen Lügen und Heucheleien, der ständig zu ertragende Frust und die daraus resultierenden Krankheiten stil- und niveauvoll?

Außerdem bekommt auch der bisherige Partner die Chance, einen Partner zu suchen, der zu ihm besser paßt.

Je länger man wartet, umso näher rückt der »point of no return«, an dem eine einmal getroffene falsche Partnerwahl nicht mehr rückgängig gemacht werden kann, weil es im hohen Alter sehr schwer wird, noch größere Umstrukturierungen vorzunehmen.

Fazit: Nicht lange fackeln, sondern handeln!

Transformieren (Schwächen in Stärken verwandeln)

Wer Manager seines eigenen Lebens geworden ist, wird alles dafür tun, um seine Schwächen und Mängel aufzuspüren und schließlich in Stärken umzuwandeln. Im Gegensatz zum

Durchschnittsbürger, der als Wachhund seiner eigenen Ehre jeden sofort als Feind sieht, der ihn auf irgendwelche Mängel in seinem Persönlichkeitssystem hinweist, ist der Manager des eigenen Lebensunternehmens froh und dankbar darüber, wenn andere ihm ehrlich sagen, wo er Defizite aufweist.

Entscheidend ist aber insbesondere zu erkennen, auf welchem Gebiet der größte Mangel, der Hauptmangel, liegt; denn dieser Mangel kann eine Fülle von negativen Folgeerscheinungen nach sich ziehen und das Schicksal des einzelnen besiegeln. So wie ein eitriges Geschwür auch andere Organe und Organsysteme im körperlichen Organismus beeinträchtigen kann, so wirkt sich ein großer Mangel auf das gesamte Leben eines Menschen so ungünstig aus, daß sich Unglück und Leid überall bemerkbar machen.

Wenn es gelingt, diesen Mangel zu beheben, geht ein Ruck durch das gesamte Persöhnlichkeitssystem, und das alte Schicksalsgebäude bricht zusammen. Ein neues Leben kann beginnen.

Aus dem antiken Griechenland ist hierfür ein berühmtes Beispiel bekannt:

Demosthenes war im Sprechen gehemmt – er stotterte und wurde deshalb verlacht und verspottet. Diese Schmach wollte er nicht auf sich sitzen lassen. Er verließ Athen und versuchte diesen Mangel zu kompensieren. Stundenlang, ja tagelang übte er, sprach mit Kieselsteinen im Mund, sprach gegen das Tosen des Meeres an. Er übte so lange, bis er das Gefühl hatte, jetzt auf diesem Gebiet gegenüber anderen nicht mehr ins Hintertreffen zu gelangen.

Er kehrte nach Athen zurück und avancierte dort zum besten Redner in ganz Griechenland.

Weglassen

Wenn man als Mensch erfolgreich werden möchte, heißt es vor allen Dingen, auch die sogenannten Zeiträuber ad acta zu legen.

Solche Zeiträuber zeichnen sich dadurch aus, daß sie uns im Leben nicht weiterbringen, daß dabei nie etwas wirklich Konstruktives herauskommt, mehr noch, daß sie wirkliches Wohlergehen und Glück unmöglich machen.

Wer aufhört, allabendlich in die Glotze zu gucken, das ewige Rasenmähen und Heckenschneiden sein läßt sowie seine Autofahrten reduziert, hat schon einiges getan, um mehr Energie freizulegen und so die Kraft zu haben, in seinem Leben neue Impulse zu setzen.

In bezug darauf, was man alles weglassen könnte, ist es am besten, das eigene Leben plus die eigene Zeitstrukturierung etwas näher unter die Lupe zu nehmen.

Was kann man alles weglassen?

Angefangen vom eigenen Fehlverhalten über die verschiedensten Suchtarten bis hin zur unpassenden Kleidung ist die Palette lang.

Richtmaß können hierfür folgende Fragen sein: Was hat mir dieses Verhalten oder diese Tätigkeit bisher eingebracht? Wie sieht dabei die Ernte aus? Bin ich dadurch persönlich weitergekommen? Haben andere Menschen dadurch Freude erlebt? Bin ich dadurch beruflich oder als Mensch erfolgreicher geworden? Wurde dadurch mein Leben bereichert und freudvoller?

Ergänzen

Hier überlegt sich der Gestalter des eigenen Schicksals, auf welche Weise er neue Größen in das eigene Persönlichkeitssystem und in dessen äußeren Bezugsrahmen einführen könnte. Oft ist es so, daß, wenn man etwas zum eigenen System dazugenommen hat, nach einiger Zeit gar nicht mehr weiß, wie man vorher ohne auskommen konnte.

Wer etwa zusätzlich zur bestehenden noch eine neue Einkommensquelle erschlossen hat, kann sich nicht mehr vorstellen, wie er vorher mit seinem Geld zurechtkam.

Wer an einem Sport Begeisterung fand, kann sich nicht mehr vorstellen, wie es vorher war, als er noch mehr oder weniger unsportlich war.

Wer eine Sichtschutzmauer auf seiner Terrasse gebaut hat, möchte nie mehr mit dem Zustand von früher tauschen.

So ist es immer und überall: Wer etwas dazugewonnen hat, einen Geliebten oder eine Geliebte, eine Ferienwohnung oder einen neuen Freundeskreis, hat sein Leben bereichert, hat sich erweitert und damit auch seine Möglichkeiten potenziert. Durch eine Ergänzung entsteht eine völlig neue Stimmungslage, verändern sich oft auch die bisherigen Bezugspunkte. Eine Ergänzung kann sogar heilende Funktion haben, insbesondere dann, wenn dadurch plötzlich elementare Bedürfnisse, die vorher nicht zum Zuge kamen, gestillt werden können.

Heilung von Schicksal

Ein System ist grundsätzlich etwas anderes als ein bloßes Nebeneinander unzusammenhängender Teile; denn jedes Glied eines Systems steht mit jedem anderen in Wechselwirkung. Ohne diese Beziehung zu erkennen, wird man das System nicht verstehen, geschweige denn gestalten können. Diese Feststellung des Biochemikers Frederik Vester läßt sich auf das Persönlichkeitssystem eines Menschen, sowie auf das damit korrelierende Schicksal übertragen. Denn auch das Schicksal ist ein System, dessen Beziehungsgeflecht aufgedeckt werden muß, um systematisch dagegen angehen bzw. stattdessen ein Erfolgssystem installieren zu können.

Im Grunde ist der einzelne zum Erfolg »verdammt«.

Ist er mit einer Anlage nicht erfolgreich, ereilt ihn stattdessen das Schicksal.

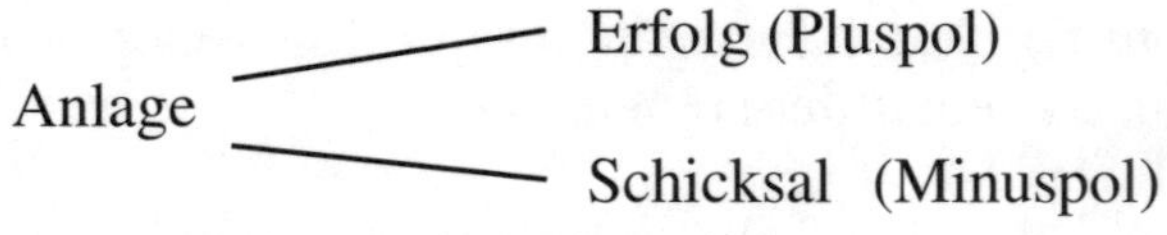

Schicksal ist demnach die unerlöste Einlösungsform einer Anlage bzw. die Manifestation von Schattenanteilen einer Anlage. Es geht also darum, innerhalb des eigenen Persönlichkeitssystems strategisch so vorzugehen, daß damit Erfolg ausgelöst wird. Die Frage, die hier relevant ist, lautet: Wo muß ich im eigenen psychischen Ökosystem ansetzen, damit ich meine Natur (den »Teufel«) dazu bringe, mich zu belohnen. Ferner: Wie kann ich in meinem System diese Interventionen vornehmen?

1. Schritt: Man zeichnet das eigene Persönlichkeitssystem mit seinen Bezugspunkten auf.

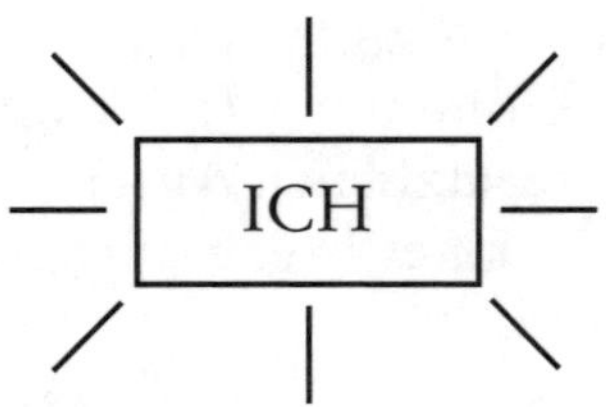

2. Schritt: Man zeichnet das bisherige Schicksal mit seinem Beziehungsgeflecht auf.

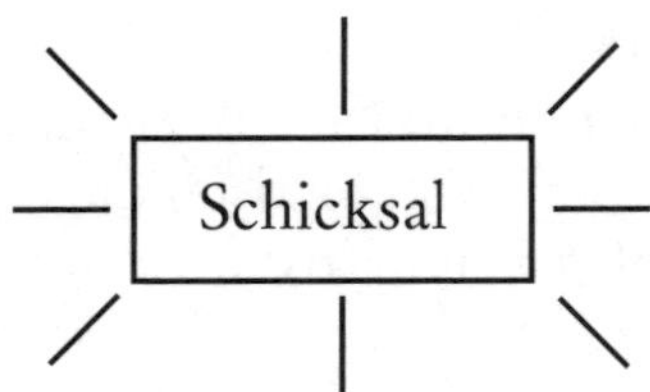

Nun versucht man herauszufinden, wie die Mosaiksteine des Systems miteinander vernetzt sind und in welcher Wechselwirkung sie zueinander stehen.

3. Schritt: Man versucht innerhalb des Systems Szenarien zu proben, indem man als Schicksalsgestalter die fünf therapeutischen Interventionen vornimmt, nämlich bestimmte Größen des Systems modifiziert, austauscht, wegfallen läßt, transformiert oder hinzunimmt (sogenannte Schicksalssimulationsspiele).

Kriselt z.B. eine Beziehung oder Ehe, so kann man vor dem geistigen Auge einblenden, wie sich die Situation des Paares unter folgenden Umständen konstellieren würde:

- bei Gütertrennung
- bei getrennten Bankkonten
- bei Einstellung einer Hausangestellten, Halbtagskraft oder Putzhilfe
- bei getrennten Schlafzimmern
- bei getrennten Wohnungen (getrennt lebend)
- bei Kauf eines zusätzlichen Autos
- bei Hinzunahme eines Ergänzungspartners*

* Hermann Meyer: »Die neue Sinnlichkeit«, München 1984

- bei Familienzuwachs
- bei einem privatrechtlichen Vertrag, bei dem z.B. die jeweiligen Rechte und Pflichten sowie die Kompetenzen des Partners aufgeführt sind
- bei Beendigung der Berufstätigkeit der Frau
- bei Wiederaufnahme der Berufstätigkeit der Frau (Halbtags-, Teilzeit- oder Ganztagsbeschäftigung)
- bei Beginn eines Studiums, einer Aus- oder Weiterbildung eines Partners oder beider Partner

Solange die Rahmenbedingungen sich nicht ändern, laufen immer die gleichen Reaktionen ab. Die beiden Partner finden keinen Ausweg. Meistens hoffen sie einfach nur, daß es in ihrer Beziehung irgendwie besser werden möge. Wenn es zu Streit kommt, dann versprechen sie sich nach der Versöhnung gegenseitig, sich zukünftig mehr zusammenzureißen. Kurze Zeit später jedoch ergibt sich dasselbe Dilemma wieder.

Schließlich glaubt man, man würde nicht zusammenpassen und leitet die Scheidung ein.

In den meisten Fällen wäre es nicht soweit gekommen, wenn man rechtzeitig strategische Maßnahmen innerhalb der vernetzten Ökosysteme vorgenommen hätte. Oft hätte man nur zwei oder drei Anteile verändern oder nur ein paar neue Größen einführen müssen, um andere Reaktionen und eine andere Stimmungslage zu erzeugen, kurzum, es ergäbe sich ein völlig anderes Bild. Weist auch die neue Situation noch Mängel auf, gilt es, weiter an dem Bild zu feilen, indem man noch an dem einen oder anderen Punkt innerhalb des Paar-Ökosystems ansetzt, solange, bis es stimmig ist und beide Partner zufrieden sind.

Wie man ein Mißerfolgsskript in ein Erfolgsskript verwandelt

Vincent T. lebte als freier Architekt in einer oberbayrischen Kleinstadt, doch sein Leben verlief einfach nicht so, wie er es sich eigentlich vorgestellt hatte. Seine Ehe mit Marga war auf dem Tiefpunkt und die Geschäfte liefen schlecht. Er schaffte es einfach nicht, sich gegenüber der starken Konkurrenz durchzusetzen und erhielt kaum Aufträge. Immer wieder waren ihm andere um eine Nasenlänge voraus.

Aufgrund der ständigen ehelichen Zwistigkeiten und beruflichen Erfolglosigkeit entwickelte Vincent T. immer wieder Gefühle von Ärger, Wut, Ohnmacht und Angst. Diese Gefühlsreaktionen wiederum erzeugten in ihm eine ungute, seelische Stimmungslage, die er auch nach außen hin ausstrahlte.

Hinzu kam, daß Vincent nun schon seit Jahren an einer chronisch rezidivierenden Blasenentzündung litt, die sich allen Therapieversuchen gegenüber als resistent erwies. Auch auf der mentalen Ebene hatte er bereits liebgewonnene chronische Denkhaltungen, die mit jeglichem Erfolg inkompatibel waren. Er wollte einfach nur erfolgreich sein, und so bleiben wie er war, so fühlen, wie er eben fühlte, so denken, wie er bisher immer dachte und fachlich bei dem konventionellen Konzept bleiben, das er an der Hochschule gelernt hatte. Vehement sperrte er sich gegen neue und alternative Ansätze.

Seine mißliche Lage trieb Vincent T. schließlich dazu, sich mit Erfolgskybernetik zu befassen. Er wollte sich von seinem bisherigen, engen Korsett befreien, wollte glücklicher und erfolgreicher leben.

Nachdem er sich in einem Erfolgsseminar mit den Mechanismen und Gesetzen des Erfolges vertraut gemacht hatte, ging er daran, sich sein eigenes, individuelles Erfolgsprogramm zu erarbeiten.

Zunächst erstellte er sein Persönlichkeitsprofil mit den für ihn wichtigen Bezugspunkten:

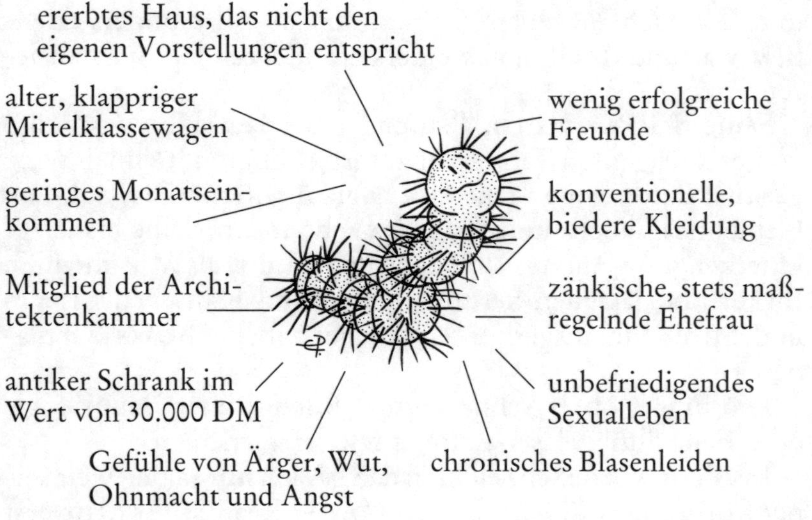

Dabei wurde Vincent bewußt, daß er nur zwei Möglichkeiten hatte – entweder sein bisheriges Fühlen und Denken beizubehalten, und somit weiterhin sexuell frustriert zu sein, partnerschaftliche Mißstimmung und berufliche Erfolglosigkeit zu ertragen oder seine Gefühle und Denkhaltungen umzupolen und damit die große Chance zu erhalten, mehr Glück und Erfüllung im Leben zu erfahren. Vincent entschied sich für Letzteres.

Veränderungen auf der mentalen Ebene

Oberste Priorität war, daß Vincent aus dem Dunstkreis der 08/15-Architekten heraustrat und Profil zeigte. Hierfür mußte er sich auf einem Gebiet, für das er besonders talentiert war und das ihm besonders am Herzen lag, spezialisieren.

Seine Stärken waren: Planung und Bau (Überwachung) von extravaganten Terrassenhäusern. Nun mußte noch seine geistige Betonmauer gegenüber neuen Alternativen auf dem Gebiet des Bauens und Wohnens schwinden. Seine bisherige Überzeugung lautete: »Ich habe keine Lust, als Müsliheini in Birkenstocklatschen herumzulaufen und Häuser aus Lehm und Stroh für ausgeflippte Räucherstäbchenfreaks zu planen.«

Die Frage, ob er schon einmal Bücher über Baubiologie oder Feng Shui gelesen hatte, mußte er verneinen.

Insofern wurde schnell klar, daß er sich nur in der Welt seiner Vorurteile aufhielt und nicht in der Realität. Er hatte erst echte Entscheidungsfreiheit, nachdem er sich entsprechend vorher informiert hatte. Niemand zwang ihn, dieses andere Gedankengut unreflektiert und kritiklos zu übernehmen. Er wählte frei aus, was er von den neuen Informationen brauchen konnte und was nicht.

Nach erfolgskybernetischen Gesichtspunkten war es wichtig, daß er sein bisheriges Konzept erweiterte, daß er – wie wir im Kapitel: »Gestalter des eigenen Schicksals« gesehen haben – etwas **hinzunahm.**

Ein Prinzip der Erfolgskybernetik sagt hierzu: Erweiterung des eigenen Horizonts bzw. des eigenen Programms – hin zu mehr Ganzheit und dann auf dieser Basis schließlich Schwerpunktbildung dort, wo die größte eigene Stärke liegt.

Veränderungen auf der Gefühlsebene

Vincents Gefühlsleben war geschwängert von Ärger, Wut, Ohnmacht und Angst. Dabei ist es wichtig zu wissen, wofür diese Gefühle ersatzweise stehen (siehe Anhang dieses Buches).

Er kann den Energieräubern Ersatzgefühle Paroli bieten und sagen: »Stop! Das ist mein altes Gefühlsraster, das mir bisher nur Mißerfolg und Leid gebracht hat! Ich lebe jetzt diese Energien anders aus.«

Was könnte er stattdessen tun? Wie könnte er denn seine Energien anders investieren?

Er kann seine Gefühle umpolen und statt Ärger und Wut Initiative und Wagemut an den Tag legen, aktiv werden, Sport treiben, oder lernen, sich wirklichkeitsadäquat durchzusetzen.

Anstelle von Ohnmachtsgefühlen kann er ein eigenes Konzept entwickeln, eigene Vorstellungen und Pläne realisieren, seinen eigenen Weg gehen.

Anstelle von Angstgefühlen kann er die Fähigkeit entwickeln, Hintergründe aufzudecken, seine Phantasie zu entfalten und Alternativen zu suchen, die sich jenseits der Normen und Ideale der Kollektivneurose befinden.

Für Vincent war es besonders wichtig, den Zusammenhang zwischen seiner Abwehrhaltung gegenüber neuen Informationen und seiner Angst zu sehen. Das Wort »Angst« ist abgeleitet vom Lateinischen angustum = die Enge. Vincents geistige Enge, d.h. die Abwehr gegenüber einer geistigen Erweiterung, machte ihm Angst. Wer geistig nur im Kreis geht und keine Auswege und Alternativen sieht, bekommt Angst. Da die Normen und Ideale der Kollektivneurose die meisten Menschen geistig einengen, ist die Angst ein weit verbreitetes

Phänomen. Angst bedeutet immer auch ungelebtes Leben. Und davon hatte Vincent wirklich genug.

Als es Vincent gelang, über seinen Schatten zu springen und seine Abwehr zu überwinden, erkannte er plötzlich eine Fülle neuer Möglichkeiten und parallel dazu nahmen auch seine Ängste ab.

Vincent hat es tatsächlich geschafft! Er reduzierte nicht nur entscheidend seine Ängste, sondern überwand auch seine anderen »Lieblingsgefühle« wie Ärger, Wut und Ohnmacht! Ärger und Wut verschwanden mehr und mehr, als er noch eine weitere Erfolgsregel beachtete, nämlich: Mut an den Tag zu legen, aktiv zu werden und »Samen zu setzen«. Wo auch immer er hinkam, nutzte er jede Gelegenheit, für sich selbst zu werben, indem er sich zu Wort meldete, neue Kontakte knüpfte und sich als Architekt präsentierte. In der Zwischenzeit hatte er sich auch neue ansprechendere Visitenkarten drucken lassen, die er großzügig und gezielt überall verteilte.

Seine Ohnmacht war passé, als er sich aufgrund seiner Zusatzausbildungen in Baubiologie und Feng Shui ein völlig neues Konzept erarbeitete, mit dem er schließlich sogar auf Vortragsreisen ging.

Bevor er sich für ein neues Erfolgsdenken öffnete, hatte er die Empfehlung, Vorträge zu halten, um auf sich aufmerksam zu machen, mit dem Hinweis abgelehnt, daß er dazu kein Talent hätte. Doch wer nur wenig oder nur konventionelle Inhalte aufweist, kann auch keine interessanten Vorträge halten!

Veränderungen auf der materiellen und körperlichen Ebene

Um seine Zusatzausbildungen in Baubiologie und Feng Shui besser finanzieren zu können, verkaufte Vincent seinen antiken Schrank für 30.000 DM. Dieser antike Schrank, der eigentlich nicht Vincents Geschmack entsprach, an dem er aber dennoch hing, weil er ihm sehr viel Anerkennung einbrachte, stand bei ihm symbolisch für sein konventionelles Denken, auf das er zwar stolz war, das ihm aber letztendlich wenig Glück bescherte. Durch den Verkauf wurde die libidinöse Energie frei, die bisher in dem Schrank gebunden war.

Als Vincent nun mit großem Engagement mit viel Humor gewürzte Vorträge über ein neues Bauen und Wohnen hielt, waren die Vortragssäle regelmäßig überfüllt.

Plötzlich war Vincent ein gefragter Mann und konnte sich vor Aufträgen kaum noch retten. Nachdem er einige spektakuläre Projekte verwirklicht hatte, delegierte er die viele Arbeit auf seine Mitarbeiter, die er inzwischen für sein Architekturbüro eingestellt hatte. Zusätzlich bekam er noch Aufträge, die ihm aufgrund eines Verzeichnisses von an Baubiologie und Feng Shui orientierten Architekten automatisch zugewiesen wurden.

Schließlich baute er für sich und seine Familie ein Traumhaus am Hang mit tollen Terrassen in einem außergewöhnlichen Stil. Dadurch erfuhr Vincent nochmals eine positive Verstärkung. Viele Menschen bewunderten sein Haus und wollten mit seiner Hilfe ein ähnlich schönes und ästhetisches Projekt realisieren. Und noch eine gravierende Änderung trat in Vincents Leben ein: Sein sensationeller beruflicher Aufstieg zog auch eine Schar weiblicher Bewunderinnen nach sich. Vincents Frau merkte, daß ihr Mann eine entscheidende

Wandlung vollzogen hatte. Er war nun selbstbewußter, dynamischer und durchsetzungsstärker. Endlich sah sie in ihm den starken »Rudelführer«, den sie sich immer an ihrer Seite gewünscht hatte – und wurde plötzlich zu einer zärtlichen, liebevollen Gattin, die auch in der Erotik mit immer wieder neuen Überraschungen aufwartete. Die Xanthippe in ihr war gestorben. Sukzessive dazu nahmen auch Vincents Blasenbeschwerden ab; denn laut Psychosomatik hängen diese eng mit Partnerproblemen zusammen. Sie symbolisieren aber auch ungeweinte Tränen (die über die Blase zum Ausdruck kommen), da man über seine triste Lage zu weinen verlernt hat oder nicht mehr weinen kann.

Vincent, der nun auf einer Welle des Glücks segelte, hatte zusätzlich noch eine Affinität zu einem Arzt, der sein Blasenleiden mit einer unkonventionellen Therapie schließlich vollends in den Griff bekam.

Plötzlich gelang Vincent alles, während vorher alles wie verhext gewesen zu sein schien. Endlich war ihm die Transformation vom Mißerfolgsskript zum Erfolgsskript geglückt und er hatte das Gefühl, wie aus einem Alptraum erwacht zu sein.

Sein Persönlichkeitssystem weist inzwischen ganz andere Bezugspunkte auf, die miteinander in Wechselwirkung stehen, ein völlig neues Mosaik seines Lebens ist entstanden:

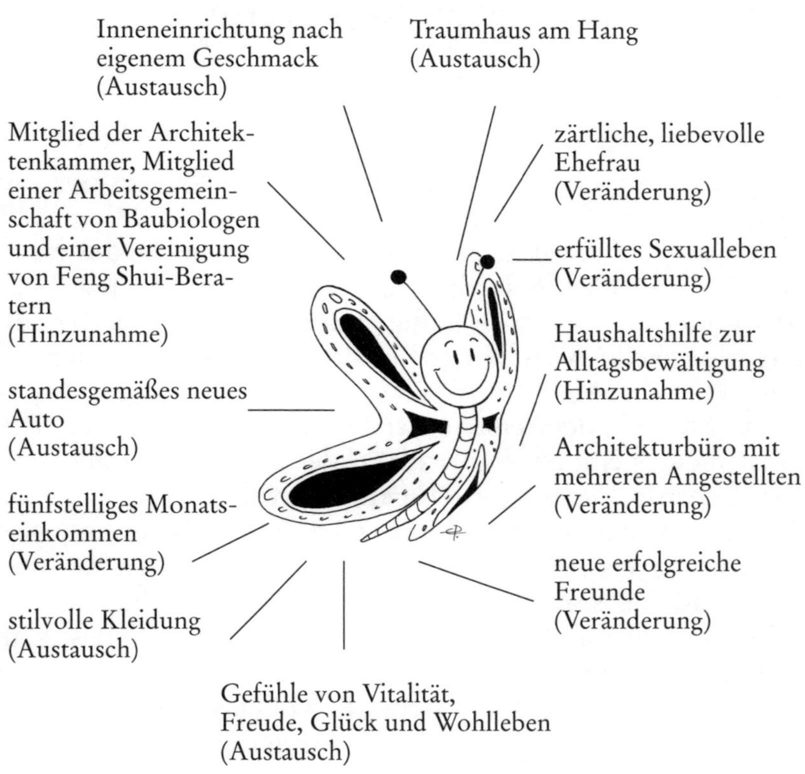

Es würde den Rahmen dieses Buches sprengen, Vincents Fall in seiner ganzen Komplexität darzustellen. Fest steht jedoch, daß jeder Mensch, in welcher Lebenssituation auch immer er sich befinden mag, ähnliche Wege beschreiten kann – nur eben situations- und branchenspezifisch.

Es gilt nur, die richtige Strategie zu finden und an der richtigen Stelle anzusetzen, damit positive Kettenreaktionen in Gang gesetzt werden können.

Jeder hat die Chance, hier und heute die Entscheidung zu treffen, von nun an für immer erfolgreich zu sein – sowohl beruflich als auch als Mensch.

»Schmetterling« werden

Wir haben an anderer Stelle betont, wie wichtig es ist, aus dem »Club der Wartenden« auszutreten.

Wer aufgehört hat zu warten und die Geschicke des eigenen Schicksals selbst in die Hand nimmt, tritt – ohne Beitrittserklärung – in einen völlig anderen »Club« ein, der auf ungewöhnliche Art elitär ist: in den Club der »Schmetterlinge«.

Ein Mensch, der keinen »-ismen« mehr anhängt, der sich nicht mehr fremdbestimmen läßt, der auf den verschiedensten Lebensgebieten etwas **Eigenes** entwickelt hat, u.a. eine eigene Lebensphilosophie, eine eigene Meinung, einen eigenen Geschmack . . ., der ist imstande, den Kokon der Kollektivneurose zu sprengen und sich als Schmetterling in die Lüfte einer materiellen, finanziellen, seelischen und geistigen Freiheit zu schwingen.

Sein Motto lautet: Im System der Kollektivneurose leben, aber nicht zu einem Bestandteil des Systems werden.

Es macht nämlich einen großen Unterschied, ob jemand unbewußt als bloße Marionette der Kollektivneurose funktioniert oder ob jemand die Mechanismen der Kollektivneurose durchschaut und sie für sich zu nutzen weiß.

Der Schmetterling hat jeden Tag aufs neue die freie Wahl zwischen zwei Welten – der Welt der Kollektivneurose und der Welt der wahren Natur.

Er findet sich überall zurecht und kann daher bewußt und souverän agieren. Er ist noch nicht vollkommen, aber er ist frei für alle Abenteuer des Lebens.

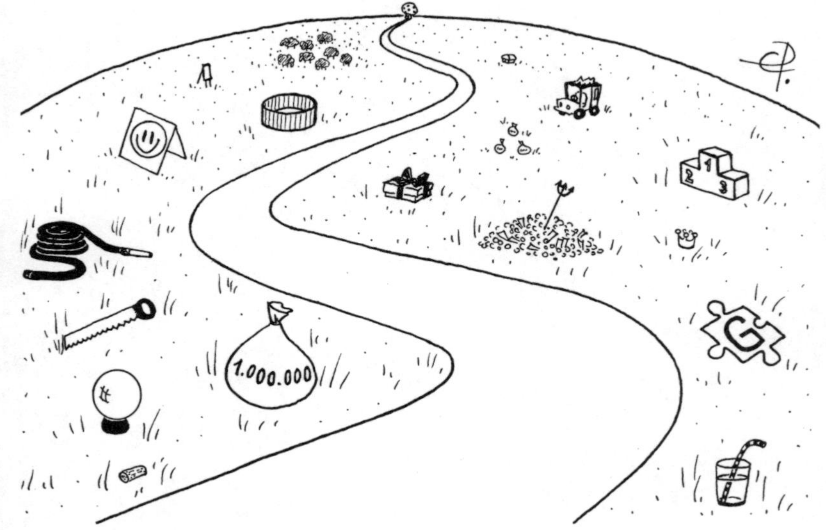
1
2
3
G
1.000.000

Anhang

Gefühle

Nachfolgende Tabelle soll aufzeigen, wofür reaktive Gefühle stehen:

Gefühle	Ersatz für
Ärger, Aggression	Initiative, Wagemut, Aktivität, Sport, Durchsetzung, Selbstbehauptung
Neid	Entwicklung von wirtschaftlichen Fähigkeiten, Beschäftigung mit der Börse, Besuch der Bankakademie, Besuch von Geldseminaren, Besuch von Erfolgsseminaren, Entwicklung von mehr eigenem Lebensgenuß
Beengungsgefühle	Inanspruchnahme eines eigenen (freien) Aktionsradius, Entwicklung von rhetorischen Fähigkeiten, um sich freier darstellen und schwierige Situationen besser meistern zu können
Depression	Ausbildung einer seelischen Eigenart, Entwicklung von mehr Mut zur eigenen Identität, Befreiung von Fremdbestimmung, Infragestellen von alten Normen und Idealen, sowie von Moral und Konvention
Haß	Liebe und Sexualität leben, leidenschaftliche Nächte erleben, unternehmerische Fähigkeiten entwickeln, ein eigenes Geschäft oder eine eigene Firma aufbauen, selbständig werden, Ausbildung von Managementfähigkeiten, Entwicklung der eigenen Kreativität

Frustration	Selbstanalyse und Analyse der Rahmenbedingungen, um zu erkennen, wo im eigenen Leben etwas verändert werden muß.
Gefühle von Unstimmigkeit	Inhalt und Form in Einklang bringen, sich selbst ausgleichen, d.h. in Harmonie bringen, dem eigenen Geschmack Ausdruck verleihen, es sich selbst schön und angenehm machen
Ohnmachtsgefühle	Entwicklung eines eigenen Konzepts, Realisation von eigenen Vorstellungen und Plänen, den eigenen Weg gehen
Sinnlosigkeit	Weiterbildung, Bücher lesen, Besuch von Vorträgen und Seminaren, Finden des eigenen Lebenssinns
Schuldgefühle	Auflösung der bisherigen Normen und Ideale, Entwurf eines eigenen Gesetzeskodex, Bewußtwerdung der eigenen Lebens- und Menschenrechte, Entwicklung der Fähigkeit, sein eigener Richter zu sein
Nervosität	Entwicklung der Fähigkeit, sich unabhängig zu machen und sich zu befreien, Herausfinden, wie man verschiedene Belastungen schrittweise abbauen und für mehr Freizeit und Entspannung sorgen kann
Angstgefühle	Entwicklung der Fähigkeit, Hintergründe aufzudecken, Einholen von mehr Informationen, Entfaltung der eigenen Phantasie im konstruktiven Sinne, Erkennen und Verwirklichen von Alternativen jenseits von Konvention und Moral

Fähigkeiten des Menschen

Durchsetzungsfähigkeit
Selbstbehauptung
Entfaltung der eigenen Triebe

Abgrenzungs- und Genußfähigkeit
Fähigkeiten, ökonomisch zu denken
Fähigkeit, sich abzusichern
Fähigkeit, einen realen Eigenwert zu entwickeln

Kommunikationsfähigkeit
Fähigkeit, mit Technik umzugehen
Fähigkeit, sich einen eigenen Aktionsradius zu schaffen
Fähigkeit, sich frei zu bewegen

Fähigkeit, Zärtlichkeit zu schenken und zu empfangen
Fähigkeit, Geborgenheit zu schaffen und zu vermitteln
Fähigkeit, zu fühlen
Fähigkeit, sich in andere einzufühlen
Fähigkeit, die Stimme des Lebens zu hören
Fähigkeit, seine eigene Identität zu entdecken

Fähigkeit zur Selbständigkeit
Fähigkeit, schöpferisch zu sein
Fähigkeit zum natürlichen Umgang mit Sexualität
Orgasmusfähigkeit
Handlungsfähigkeit
Managementfähigkeiten
Fähigkeit, unternehmerisch zu handeln
Wahrnehmungs- und Beobachtungsfähigkeit
Fähigkeit, analytisch zu denken

Fähigkeit, zusammenfassend zu urteilen
Kritikfähigkeit
Fähigkeit, Gefühle zu zeigen
Anpassungsfähigkeit
Fähigkeit, sein Wesen in seiner Arbeit auszudrücken
Reinlichkeit

Kontaktfähigkeit
Partner- und Begegnungsfähigkeit
Friedensfähigkeit
Erotische Fähigkeiten
Fähigkeit, einen eigenen Geschmack zu entwickeln und auszudrücken

Beziehungsfähigkeit
Fähigkeit, sich zu binden
Fähigkeit, Pläne und Konzepte zu entwickeln
Fähigkeit, sich eine eigene Meinung zu bilden
Fähigkeit, eigene Vorstellungen zu entwickeln
Fähigkeit, den eigenen Weg zu gehen
Fähigkeit, Macht über sich selbst zu gewinnen
Fähigkeit, ein eigenes Lebensprogramm zu entwerfen und danach zu leben

Fähigkeit zur Toleranz
Einsichtsfähigkeit
Fähigkeit zur eigenen Sinnfindung
Fähigkeit, eine eigene Weltanschauung und Lebensphilosophie zu entwickeln
Fähigkeit zur ständigen Weiterbildung
Fähigkeit, sich selbst zu fördern und zu beglücken

Fähigkeit, die eigenen Rechte zu entdecken und durchzusetzen
Fähigkeit, Verantwortung zu übernehmen

Fähigkeit, eigene Ziele zu entwickeln
Fähigkeit, nach den Lebensgesetzen zu leben
Fähigkeit, seine Berufung wahrzunehmen

Fähigkeit, sich zu emanzipieren und zu befreien
Fähigkeit zur Unabhängigkeit
Fähigkeit, seine Freizeit zu gestalten
Fähigkeit zur Mitbestimmung
Fähigkeit, für Abwechslung zu sorgen

Fähigkeit, Phantasie zu entwickeln
Fähigkeit, Überkommenes aufzulösen
Fähigkeit, Alternativen zu entwickeln
Fähigkeit, Verantwortung zu praktizieren
Fähigkeit, Hintergründe aufzudecken, zu entlarven

Begriffserklärungen

Gesetz der Affinität:	Dieses Schicksalsgesetz besagt, daß eine Verwandtschaft, eine Entsprechung besteht zwischen der Innenwelt und der Außenwelt, daß das, was uns außen begegnet, auch in uns wohnt, daß die äußeren Symbole, die uns umgeben, Widerspiegelungen unseres Innenlebens sind.
Gesetz der Wiederkehr des Verdrängten:	Durch Verdrängung werden Inhalte nicht einfach aus dem Seelenleben gelöscht, sondern ruhen dort latent und kehren eines Tages wieder. Sie werden unbewußt auf andere Personen, sowie auf materielle Gegenstände, die das verdrängte Potential symbolisieren, projiziert.
Kollektivneurose (2. Natur):	Die dem Menschen aufgepfropfte Natur. Das Wesen der Kollektivneurose besteht darin, daß die menschlichen Anlagen und Fähigkeiten in ihrer Entwicklung durch Normen gehemmt werden. Aufgrund dieser Blockierung der Anlagen kommt es zu den sog. Abwehr- und Anpassungsmechanismen, die summa summarum die 2. Natur bilden. Der einzelne strebt nicht mehr danach, seine Anlagen und Fähigkeiten zu entwickeln, sondern strebt nur noch nach dem Ersatz (Surrogatkultur)
Wahre Natur (1. Natur):	Die unter dem künstlichen Überbau der 2. Natur verborgene wirkliche Natur des Menschen. Wem es gelingt, die von Natur aus angelegten Talente und Fähigkeiten zu entfalten, bringt seine Energien in freien Fluß und betreibt dadurch aktive Schicksalsprophylaxe.

Elternrollenspieler: Der Elternrollenspieler tut so, als ob er den Normen und Idealen der Kultur- und Zeitepoche entsprechen könnte. Er fühlt sich den Kindrollenspielern überlegen, er belehrt, maßregelt, kontrolliert und straft.

Kindrollenspieler: Der Kindrollenspieler läßt sich von den Normen und Idealen der Kultur- und Zeitepoche hemmen. Er wiederholt die Rolle, die er früher bei seinen Eltern innehatte auf einer neuen Ebene. Er läßt sich indoktrinieren, maßregeln, kontrollieren und strafen.

Schmetterling-Symbol: Der Schmetterling ist ein Symboltier in vielen Kulturen, das besonders für Wandlungsfähigkeit und Schönheit steht. »Das Wunder der ineinander übergehenden Erscheinungszustände, dieses Wunder der Verwandlung von träger Raupe, dumpfer Larve in den zartschönen Schmetterling hat den Menschen tief angerührt, ist ihm zum Gleichnis eigener seelischer Wandlung geworden und hat ihm die Hoffnung geschenkt, einst aus der Erdverhaftetheit ins Licht ewiger Lüfte zu steigen.« (E. Aeppli) Der Schmetterling hat sich aus der komplementären Verstrickung zwischen Eltern- und Kindrollenspielern gelöst. Er bestimmt weder andere fremd, noch läßt er sich fremdbestimmen. Er lebt frei nach den Gesetzen des Lebens. Sein Grundsatz lautet: Gut ist, was dem Leben dient, schlecht ist, was dem Leben zuwider läuft.

Bibliographie

Erich Fromm:	Anatomie der menschlichen Destruktivität, Reinbek bei Hamburg, 1991
Hermann Meyer:	Die neue Sinnlichkeit, München 1984 Gesetze des Schicksals, München 1995 Der Tod ist kein Zufall, München 1996 Die Lebensschule, München 1993 Jeder bekommt den Partner, den er verdient, München 1997
Trina Paulus:	Hoffnung für die Blumen, Interlaken 1982
Ingeborg Wagner:	Psychologie, München 1990
Hermann Hobmair:	Psychologie, Köln 1997
Thure von Uexküll:	Psychosomatische Medizin, München 1986
Frederik Vester:	Unsere Welt - ein vernetztes System, München 1987
Prentice Mulford:	Der Unfug des Lebens und des Sterbens, Frankfurt 1977

Eine glückliche und langfristig tragfähige Partnerschaft zu führen ist lernbar – unabhängig von Alter und Beziehungsdauer.

Der Beziehungs-Führerschein

In den Kursen zum »Beziehungs-Führerschein« werden Grundkenntnisse sowie Gesetzmäßigkeiten und Regeln vermittelt, die im körperlichen, seelischen und geistigen »Verkehr« mit einem Partner wichtig sind. Die Teilnehmer lernen, irreale Verhaltensweisen, neurotische Spiele, falsche Annahmen und (Schuld-)Projektionen zu durchschauen und erfahren, was sie tun können, um

a) einen Partner anzuziehen, der zu ihnen passt,
b) Beziehungsprobleme zu lösen und
c) eine erfüllende, glückliche Partnerschaft aufzubauen.

Wer den Beziehungs-Führerschein gemacht hat, kann die erworbenen Fähigkeiten zum einen für sich selbst nutzen, zum anderen verfügt er damit über den Nachweis, dass er in der Lage ist, Menschen, die einen Partner suchen, aktuell in Partnerschwierigkeiten stecken oder ihre Beziehung verbessern wollen, kompetent zu beraten.

Grundkurs I: Anziehung eines passenden Partners

Grundkurs II: Lösung von Beziehungsproblemen

Grundkurs III: Aufbau einer erfüllenden Partnerschaft

Nach dem dritten Grundkurs ist eine mündliche und schriftliche Prüfung (freiwillig) vorgesehen.

Bei Bestehen wird das Zertifikat »**Beziehungs-Führerschein**« ausgehändigt.

Veranstaltungsorte: München, Köln, Hannover, Wien, Zürich, Graz
(jeweils begrenzte Teilnehmerzahl)

Gebühr pro Wochenendkurs: 160,– €

Basisliteratur: »Jeder bekommt den Partner, den er verdient« – Band I und II sowie
»Die eigene Identität – Wie man sie findet und erfolgreich verwirklicht«

Partnership-Academy
Kennwort: Beziehungs-Führerschein
Sendlingerstraße 28
80331 München
Tel.: 089-2608896
Fax: 089-2603959
E-Mail: info@partnership-academy.com
Homepage: www.partnership-academy.com

Hermann Meyer, Partnerschafts- und Schicksalsforscher, ist Leiter der »Partnership-Academy« in München.

Nach dem Studium der Psychologie und Naturheilkunde in der psychosomatischen Forschung tätig. Jahrelang Vorstandsmitglied von IPSE (Psychosomatisches Forschungszentrum). Autor der Bücher »Die neue Sinnlichkeit«, »Gesetze des Schicksals«, »Der Tod ist kein Zufall«, »Psycho-Anti-Aging«, »Gut gezeugt ist halb gewonnen«, »Die eigene Identität« und »Jeder bekommt den Partner, den er verdient (Band I und II)«.

Der »Beziehungs-Führerschein« als Chance zum Partnerglück

Fast überall sind Eignungstests oder Prüfungen zu bestehen, um für einen spezifischen Beruf oder für eine bestimmte Tätigkeit qualifiziert zu sein. Auch für das Fahren mit dem Auto ist ein Führerschein erforderlich. Doch wenn es darum geht, eine Beziehung zu führen, wird so getan, als ob jeder a priori dazu fähig wäre. Auch wenn die gegenseitige Liebe noch so groß ist, eine gut funktionierende Beziehung ist damit keineswegs garantiert. Eine Beziehung zu führen, ist eine sehr anspruchsvolle und diffizile Aufgabe, zu deren Bewältigung eine entsprechende Vorbereitung notwendig ist. Werden auch Sie Experte in Partnerschaftsfragen: Machen Sie den "Beziehungs-Führerschein!"